Adolph Jaraczewsky

Die Geschichte der Juden in Erfurt

Adolph Jaraczewsky

Die Geschichte der Juden in Erfurt

ISBN/EAN: 9783743334939

Hergestellt in Europa, USA, Kanada, Australien, Japan

Cover: Foto ©ninafisch / pixelio.de

Manufactured and distributed by brebook publishing software
(www.brebook.com)

Adolph Jaraczewsky

Die Geschichte der Juden in Erfurt

Die

Geschichte der Juden
in Erfurt

nebst Noten, Urkunden und Inschriften aufgefundener

Leichensteine.

———

Grösstentheils nach primären Quellen bearbeitet

von

Dr. Adolph Jaraezewsky.

Mit einer Abbildung der Erfurter Synagoge im Jahre 1357.

ERFURT, 1868.
Selbst-Verlag des Verfassers.
In Commission bei Carl Villaret.

Dem

Vorstande der Synagogen - Gemeinde

zu Erfurt

aus Verehrung und treuer Anhänglichkeit geweiht

vom

Verfasser.

IV

Druckfehler - Berichtigung.

Seite 27 Zeile 11 v. o. muss es heissen 1357 statt 1351.

Vorwort.

Die Geschichte der Juden von ihren frühesten Anfängen bis auf die heutige Zeit schreiben, heisst wohl nichts anderes, als dem hell leuchtenden Edelstein der Jetztzeit eine dunkle Fassung geben, um sein Licht desto heller hervortreten zu lassen. Denn wenn das Mittelalter schon überhaupt eine an Thränen, Blut und dunklen Schatten reiche Zeit war, so war sie dieses für die Juden gewiss ganz besonders. Sie waren es, die dem Kaiser „ohne Mittel" unterworfen waren und die daher den Namen „Kaiserliche Fiscal- oder Kammerknechte" führten. So nennt sie Kaiser Karl IV. in den Privilegien, welche er 1346 den Burggrafen von Nürnberg Johann und Albert ertheilte und diesen Namen führen sie noch in den Privilegien, welche ihnen Kaiser Maximilian II. 1656 gab. In diesen Privilegien nennt sich der Kaiser „der Juden einiger Herr und Beschirmer auf Erden, item Obrister Herr und Richter, dem die gemeine Jüdischheit ohne Mittel zugehörig, item welcher gemeiner Jüdischheit oberste Obrigkeit ist". *) Dieses Hoheitsrecht liess Kaiser Karl IV. in der im Jahre 1356 publicirten Goldenen Bulle als Regal an die Kurfürsten übergehen. **) Etwas später wurden die Erzher-

---

*) Horn, J. publ. cap. 49 §. 11, und Manz, decis. Palat. quaest. 95 num. 2 seqq.

**) In derselben tit. 9 ibi. nec non Judaeos etc.

zöge von Oesterreich *) mit diesem Rechte belehnt, das
1360 auch auf die freie Reichsstadt Nürnberg überging. **)
Endlich dehnte Kaiser Karl V. 1548 dieses Recht auf Alle
aus, welche von ihm und dem Reiche Regalia haben, oder
welche deretwegen besondere Privilegien besitzen. Also
waren jetzt im Besitze dieses Rechtes alle Fürsten und
Stände des Reiches, sowie die freien Reichs-Städte vigore
superioritatis territorialis, also kraft landesherrlicher Oberhoheit.

Weil nun aber die Juden unter dem Schutze der Lan-
deshoheit standen, so wurden sie „Schutzjuden" genannt,
die einen Schutzbrief erhielten und dafür ein jährliches
Schutzgeld an den Landesherrn (pro receptione et securi-
tate) entrichten mussten. ***)

So war das Oberhoheitsrecht des Kaisers über die
Juden nach und nach auf Andere übergegangen, nicht aber
der Anspruch des Kaisers auf Erhebung der Kronensteuer
und des jährlichen Opferpfennigs von den Juden. †) Vielmehr wurden diese mit der grössten Strenge eingetrieben.

Ausser diesen Lasten mussten die Juden auch städti-
sche Steuer zahlen, den Zehnten, „Gült und Frohne" von
ihren Gütern entrichten und der Einquartirungslast sich
unterwerfen. ††) So drückte eine dreifache Last die Be-
dauernswürdigen. Aber ihre Lage wurde noch mehr ge-
trübt durch die wahrhaft unmenschliche Behandlung, die
sie erfuhren. Handel und Gewerbe waren ihnen verschlossen; ein Handwerk zu betreiben war ihnen untersagt und
die Hallen der Kunst und Wissenschaft ihnen unzugänglich.
Ja man gab ihnen, mit falscher Auslegung der Worte

---

*) Münster, Cosmograph. lib. 3 cap. 399.
**) Scheurl. dissertat. de Jurib. peculiaribus Reipubl. Norimberg cap. 4, 54.
***) Cramer, de regal. decis. 43 infin.; Knipschild, de Civit. Imp. lib. 2 Cap· 30, num. 56.
†) Speidel, specul. jurid. polit. voc. Juden.
††) Cramer, cit. decis. 43 circ. fin.; Knipschild d. l. num. 56.

4. Buch Mose 15, 38 den Befehl, Abzeichen zu tragen, die je nach den verschiedenen Landeshoheiten, unter denen sie lebten, verschieden waren. So materiell und moralisch vernichtet, sollten sie dennoch unerschwingliche Summen für ihre dreifachen Schutzherren aufbringen, und da ihnen das Geld nur noch als einzige Waare gelassen wurde, so mussten sie zu einem möglichst hohen Zinsfuss ihre Zuflucht nehmen. Die Schutzherren widersetzten sich aber keineswegs diesem Treiben, ja sie privilegirten sogar dasselbe. *) Vorzugsweise musste der arme Mann, der gezwungen war, sein Anlehen allzu hoch zu verzinsen, die Situation empfinden. Diese Stimmung steigerte sich bald zu bitterer Unzufriedenheit, die endlich zu Gräuelscenen führte, welche ein ewiger Schandfleck in der Geschichte der Menschheit sein werden. Die Juden waren, weil hilflos dastehend, ein Opfer wahrhaft cynischer Wuth. Man untersuchte nicht erst die Schuld oder Unschuld des Opfers, sondern es musste einfach der Creditor fallen. Vor diesem furchtbaren Beginnen schreckte das Volk um so weniger zurück, als es in jener Zeit durch Uebung gelernt hatte, die Faust an die Stelle des Rechtes zu setzen. Von dieser

---

*) Kaiser Karl V. 1544, Ferdinand I. 1562. Erst nach dem Recess. Imper. 1600 war den Juden untersagt, mehr als 5 pro cento zu nehmen. Diesem standen aber die Local-Statuten entgegen, welche jene Verordnung nichtig machten. So hatten z. B. dieser Verordnung entgegen die Juden in Dessau das Recht, von einem Thaler wöchentlich drei Heller zu nehmen u. s. w. — Die Reichs-Polizei-Ordnung von 1577, welche in §. 6 derselben den Juden verbietet, mehr als 5 pro cento zu nehmen, macht in dem darauf folgenden §. 7 diese Verordnung dadurch illusorisch, dass es dort wörtlich heisst: doch soll hierdurch denen Churfürsten, Fürsten und Ständen an ihren von uns habenden Regalien, Privilegien und Gerechtigkeiten, Ordnungen zu machen nichts präjudicirt oder genommen, sondern ihnen vorbehalten sein. Ja selbst dieses Gebot fand hernach nicht Anwendung, wenn der Creditor nachweisen konnte, dass er sein Geld anderweitig mit einem grösseren Nutzen als 5 pro cento hätte anbringen können. (Vid. Recess. Imp. Deput. de anno 1600, 139.)

Seite müssen wir die wiederholten Angriffe auch der Er-
furter auf die Juden betrachten, um, wenn auch nicht ihre
Handlungsweise zu rechtfertigen, so doch zum richtigen
Verständniss der Verhältnisse zu gelangen.

Noch manches andere Trübe aus jener Zeit decken
wir mit dem Schleier der Liebe zu und scheiden von ihr
mit dem Wunsche, dass sie nie wiederkehren möge, und
dass die Humanität, welche unsere Zeit charakterisirt, immer heller und heller erglänze! Möge bald der Himmels-
dom sich über uns wölben, in den wir Alle eingehen werden als gleiche Brüder, verschieden zwar im Glauben, aber
eins in der Liebe, die um uns Alle das Rosenband schlingt!

Zum Schluss sei noch bemerkt, dass die ersten An-
fänge dieser Arbeit zweien Vorträgen ihre Entstehung ver-
danken, welche ich im hiesigen Alterthums-Verein und auszugsweise in der hiesigen Akademie der Wissenschaften
gehalten und die ich, von Freunden ermuntert, weiter aus-
gearbeitet, mit den entsprechenden Urkunden aus den Ar-
chiven zu Dresden, Erfurt, Weimar, Sondershausen und Rudolstadt versehen, und der ich, zum besseren Verständniss
des Ganzen, noch andere Anhänge beigefügt habe. Möge
meine Arbeit eine freundliche Aufnahme finden, dann werde
ich für meine Mühe reichlich belohnt sein!

Erfurt, im April 1868.

Der Verfasser.

Erstes Kapitel.

Erste Anfänge der Gemeinde.

Wann die Juden zuerst in Erfurt ihren Wohnsitz genommen haben, ist, bei dem gänzlichen Mangel an Quellen, nicht genau zu bestimmen. Dass aber diese Niederlassung vor dem Ende des 11. Jahrhunderts stattgefunden haben muss, wird sich beweisen lassen. Nach einer unverbürgten Volkstradition soll Bonifacius, der Apostel der Thüringer, schon im Jahre 719 hier Juden vorgefunden haben. Da jedoch diese Angabe jeder historischen Grundlage entbehrt, so muss es der weiteren Forschung vorbehalten bleiben, die geschichtliche Wahrheit dieses Factums festzustellen. — Mehr Wahrscheinlichkeit, obwohl ebenfalls unerwiesen, hat eine andere Annahme für sich, dass Karl der Grosse, welcher 803 seine Herrschaft in Thüringen befestigt haben soll, Juden hierher zog, um durch sie die mercantilen und commerciellen Verhältnisse zu heben. Dieser grosse Regent, welcher nicht nur als bewährter Kriegsmeister sich zeigte, welcher auch mit den seltensten Herrscher-Tugenden den ernsten Willen verband, alle ihm untergebenen Völker, unter denen auch die Thüringer waren, glücklich zu machen, wird, wie er sich sonst der Juden bei den wichtigsten Staatsgeschäften mit dem grössten Erfolg bediente, *) es auch hier nicht verschmäht haben, die geistige und materielle Kraft der Juden zum Wohle des Staates zu benutzen. Was nun Erfurt insbesondere betrifft, so hatte der Scharfblick des grossen Monarchen bald die physischen und geographischen Vorzüge dieses Ortes erkannt; er schätzte ihn so hoch, dass er nicht nur in seiner unmittelbaren Nähe residirte, **) son-

---

*) So war der Jude Isaac Mitglied der Gesandtschaft Karls des Grossen an Harun el Raschid.

**) Karl der Grosse war ohnehin in unseren Gegenden nicht blos Herr, sondern auch recht heimisch, und namentlich besass er in unserer Nachbarschaft, nämlich zu Vargula, einen Hof, dessen er selbst als seiner Anlage, wo nicht gar als des Ortes seiner Empfängniss oder Geburt urkundlich gedacht hat. (Göschel, Chronik von Langensalza, Bd. 1, S. 78.)

1

dern dass er auch Erfurt zum Stapelplatz erhob *) und so Thüringen auf seinen Mittelpunkt hindrängte. Er sah wohl mit Recht
ein, dass er mit Erfurt, dem Herzen des Landes, in welchem dessen Lebenskraft pulsirte, **) des ganzen Landes Flor heben müsse,
und dazu mag er sich, wie gesagt, der Juden, als eines nicht
ungeeigneten Werkzeuges, bedient haben. Doch so viel Wahrscheinlichkeit diese Annahme auch für sich hat, so wird sie doch
auf unläugbare Wahrheit nicht eher Anspruch machen können, als
bis uns ein unzweifelhafter historischer Beweis über die Richtigkeit derselben belehren wird.

Erst in der zweiten Hälfte des 12. Jahrhunderts treten die
Juden Erfurts aus ihrem mystischen Dunkel heraus und wir erblicken sie in dem Lichte der Geschichte. Der erste stummberedte
Zeuge, der uns über die Existenz von Juden in Erfurt Kunde
giebt, ist ein Leichenstein aus dem Jahre 1137, dessen Epitaph
uns belehrt, dass drei ungenannte Brüder in den Monaten Jar,
Siwan und Tamus hinter einander, und zwar jeder an dem Neu-
mondstage, gestorben sind. Der Stein hat drei Felder, welche
oben bogenförmig auslaufen. Gewiss ist dieser Stein nicht der
einzige seiner Zeit, und es gehört nicht zu den Unmöglichkeiten,
dass ein glücklicher Zufall noch mehrere seiner Altersgenossen
unserer Kenntniss zuführt. Ausser diesem Leichensteine haben
wir aber noch einen anderen Zeugen, der uns davon Kunde giebt,
dass in der zweiten Hälfte des 11. Jahrhunderts in Erfurt Juden
gewesen sind. Es ist dieses ein Codex, der in der hiesigen Ministerial-Bibliothek aufbewahrt wird, und der wahrscheinlich 1349
im Judensturm geraubt ist. Seinem Inhalt nach ist es ein מחזור
גדול (Machsor gadol, Gebetbuch) für alle Fest-, Fast- und
Busstage und ausgezeichneten Sabbathe des Jahres, und zerfällt
in zwei Theile, von denen der erste Theil 230 und der zweite
179 Pergamentblätter, gross Folio, enthält. Ausser seinem Haupt-
inhalte enthält dieser Codex noch von späterer Hand מנהגים

---

*) De negotiatoribus quousque procedere debeant (hierin liegt der Sta-
pel) id est partibus Saxoniae usque ad Bartenwik etc.

**) Der grösste Zug deutscher Handlung ging von Nürnberg auf Erfurt
und von Erfurt nach den Seestädten, und umgekehrt von den Seestädten über Erfurt nach Nürnberg. Es hielten sich daher in Erfurt
viele auswärtige Factoren auf. Auch Juden nahmen an dem Handel
von Erfurt und Mühlhausen lebhaften Antheil. (Dalberg, Beiträge zur
Geschichte der Erfurter Handlung, S. 11—18.)

(„Gebräuche") und von noch späterer Hand Randzusätze und einen
Commentar über einen Theil der Rosch Haschana- und Jom kippur-
Gebete. Man sieht auf den ersten Augenblick, dass wir es hier
mit einem Buche zu thun haben, welches in der Synagoge, daraus
vorzubeten, benutzt wurde, und ist uns auch glücklicher Weise
Alter und Hauptschreiber desselben in einer Note angemerkt. Der
Schreiber nennt sich אברהם בר יצחק (Abraham Sohn Jizchak)
und ist das Buch im Jahre תתקב ל, also 4902 = 1142, geschrieben. *) Ist nun, was höchst wahrscheinlich, das Buch für
die Erfurter Gemeinde hier oder ausserhalb Erfurts geschrieben,
so beweist uns das ebenfalls, dass schon in der ersten Hälfte des
12. Jahrhunderts eine vollständige Gemeinde hier vorhanden gewesen, die, wie uns sowohl der oben gedachte Leichenstein, als
auch der eben erwähnte Codex beweist, im Besitze war der nö-
thigsten Gemeinde-Institutionen, so da sind: Gotteshaus und Gottesacker. Nehmen wir nun an, dass die Ansässigmachung der Juden
in Erfurt nur langsam vor sich gegangen, und dass wohl eine
geraume Zeit vergehen musste, ehe eine Gemeinde sich gebildet
hatte, so spricht das für unsere Annahme, dass der Zeitpunkt der
ersten Niederlassung der Juden hierselbst, bis nach Auffindung
anderer Beweise, in das Ende des 11. Jahrhunderts zu setzen ist.

Zweites Kapitel.

**Conrad I. Judeneid. Verfolgung unter des Erzbischof Sieg-
fried II. Regierung. Elasar Rokeach. Streit der Juden
mit dem Pleban zu St. Benedict.**

In der zweiten Hälfte des 12. Jahrhunderts müssen die Erfurter Juden schon eine politische Bedeutung erlangt haben, wie
wir aus einer Urkunde ersehen, welche in dem Provinzial-Archiv
in Magdeburg aufbewahrt wird. Es ist eine Eidesformel, welche
von Bischof Conrad I. gegeben worden ist, und die also lautet:

„Des dich dirre sculdegit des bistur vnschuldic. So dir got
holfe. Der got, der himel vnde erdin gescuf. loub. blumen
unde gras. des dauore nine was. Vnde ob du unrechte sweris. daz dich di erde uirslinde. di datan vnde abiron uirslant.
Vnde ob du unrechte sweris. daz dich di muselsucht biste,
di naamannen liz. vnde iezi bestunt. Vnde ob du vnrechte
sweris. daz dich di e uirtilige, di got moysy gab. in dem berge

---

*) Näheres über dieses Buch in Note L.

synay, di got selbi screib mit sinen uingern an der steinir
tabelen. Vnde ob du vnrechte sweris. daz dich uellin allo di
scrift, di gescriben sint an den uunf buchen moysy. Dit ist
der iuden heit, den di Biscof Cuonrat dirre stat gegebin hat."
Diese letzten Worte haben auf Erfurt Bezug, denn die Urkunde ist vermittelst seidener Schnüre mit dem Erfurter Stadtsiegel
versehen. Dasselbe zeigt den Bischof Martin als Schutzpatron der
Stadt, unter einem mit Thürmen gezierten Portale sitzend. Zu
beiden Seiten desselben stehen die Worte: Scs. Martinus. Um
das Ganze läuft die bekannte Inschrift: „Erfordia fidelis est filia
Moguntinae." *)
Da diese Urkunde leider kein Datum trägt, so müssen wir
untersuchen, in welche Zeit ihre Abfassung fällt. Der Bischof
Conrad, von welchem hier die Rede ist, kommt an die Regierung
1160. In den Jahren 1163 und 64 restaurirt er die Stadtmauern, **)
muss aber von der politischen Schaubühne zurücktreten, weil er,
uneingedenk der Wohlthaten, welche ihm der Kaiser Friedrich I.
erwiesen hatte, es mit dem grausamen Papste Alexander III. hielt.
Erst 1183 durfte er in sein Land wieder zurückkehren, aus welchem ihn der Kaiser vertrieben hatte, und drei Jahre darauf musste
er ganz resigniren. ***) Die in Rede stehende Urkunde ist also
innerhalb jenes Zeitraumes abgefasst. Aus dieser Urkunde ersehen
wir aber auch, welche politische Bedeutung die Erfurter Gemeinde
damals schon gehabt hat, denn nur eine g r o s s e Gemeinde konnte
für die Juden e i n e r Stadt solch einen Erlass nothwendig machen.
Bis dahin scheinen die Juden in Erfurt unbehelligt geblieben zu
sein; wenigstens berichten uns die Chronisten nicht vom Gegen-
theil.
Erst 1221, 16. Kal. Julii fand hier eine Verfolgung der Juden
statt. Das Chronicon S. Petri berichtet hierüber: „Judaei in Er-
phesfurd circiter XXVI. a F r i s o n i b u s peregrinis et ab aliis
Christianis, orta seditione crudeliter et vere digni occisi sunt XVI.
Kal. Julii. †) Der Erphurdianus Antiquitatum Variloquus ††) be-

---

*) Abgedruckt in der „Thüring. Vaterlandskunde", 1822, S. 192. Har-
tung, Häuser-Chronik S. 135, und andern Orten.
**) Gudenus, Historia Erfurtensis p. 37.
***) Dominikus, Erfurt und das Erfurtische Gebiet I. S. 268. Falkenstein,
Historia von Erffurth S. 69.
†) Chronicon S. Petri, in: Menken, SS. R. G. Tom. III. p. 252.
††) Erphurd. Ant. Var., in: Menken, SS. R. G. Tom. II. p. 483.

richtet dagegen: Idem (1221) Judaei quasi LXXXVI. a peregrinis occiduntur. Letzterer erwähnt also nur, dass die Todtschläger Pilger gewesen wären, während Ersterer deren Vaterland angiebt. Da die Petrichronik die primäre Quelle ist, so ist ihr hierin Glauben zu schenken. Lassen wir die verschiedenen Angaben über die Zahl der Opfer dahingestellt und forschen wir nach den Triebfedern jener Metzelei, so mögen dieselben in dem Brodneid bestanden haben, welcher sich der Friesen bemächtigt hatte, indem Friesen und Niederländer in Deutschland einen bedeutenden Handel trieben. Ihnen haben sich dann noch andere Spiessgesellen angeschlossen, welche Beute zu machen suchten.

Dass jene beklagenswerthe Katastrophe bedeutend gewesen sein muss, erhellt daraus, dass der 25. Tag des Siwan (Juni) von der Erfurter Gemeinde als ein grosser Fasttag begangen wurde. *) Nach einer handschriftlichen Chronik der Magistrats-Bibliothek I., 72, S. 101, soll dieses Gemetzel durch Dominikaner- und Barfüsser- oder Franziskaner-Mönche herbeigeführt worden sein. Diese Angabe wird aber dadurch widerlegt, dass die Franziskaner erst 1222 und die Dominikaner 1229 nach Erfurt kamen. — Bei dieser Katastrophe scheint Rabbi Elasar aus Worms Frau und Töchter verloren und darauf die Zionide: ציון הלא תשאלי לשלום עלוביך („Zion, frägst du nicht nach dem Befinden deiner Geschmähten?") gedichtet zu haben. **)

Ob der Rath, wie er verpflichtet war, der Misshandelten sich angenommen, oder ob der Erzbischof Siegfried II., unter dessen Regierung der Angriff auf die Juden stattgefunden, den Bedrängten

---

*) Zunz, Synagogale Poesie II., S. 127.
**) Schon Zunz in seiner Geschichte der synagogalen Poesie sagt, E. wäre Rabbiner in Worms und früher wohl auch in Erfurt gewesen und dass die Veranlassung zu der gedachten Zionide, nach einer der Handschriften Michaels, die Ermordung seiner Frau und seiner beiden Töchter gewesen. Für die Annahme, dass E. hier gelebt und dass die Ermordung seiner Familie hier stattgefunden, spricht noch die Stelle in שם הגדולים („Sem hagdolim") unter Cap. 8, §. 23, dass er unter andern synagogalen Poesien auch einen („Sulath auf Sabbath, den 25. Siwan, auf das Verhängniss Erfurts") ולת לשבח כה סיון על גזרות ערפורט verfasst habe. Elasar, als Rabbiner der Vornehmste, wird wohl darum hauptsächlich von den Tumultuanten angegriffen worden sein, um den Juden einen um so empfindlicheren Schlag zu versetzen. Der Salut, den E. auf diesen Vorfall gedichtet, beginnt mit den Worten: חלתך אין אל.

beigestanden, darüber schweigen die Chronisten. Was diesen letzteren Kirchenfürsten betrifft, so mochte dieses Ereigniss sich seiner Kunde entzogen haben, weil er damals mit dem Landgrafen Ludwig IV. in Streit gerathen war. Und als die Aebte von Fulda und Hersfeld zwischen den streitigen Parteien den Frieden zu Stande brachten und Erzbischof Siegfried ein Jahr darauf (1222) in Erfurt seinen Einzug hielt, ward dieses Vorfalles mit keiner Sylbe erwähnt. Möglich, dass die Juden gezwungen waren, diese Sache todt zu schweigen, oder dass die Angabe eines alten geschriebenen Chronikons zutrifft, dass die Bürger sich der Juden angenommen und bei der Vertheidigung der Letzteren mehrere Todte gehabt haben sollen. *)

Indess scheint auch diese Wunde bald vernarbt gewesen zu sein und die jüdische Gemeinde nahm an Gliederzahl zu. Da entsteht eine Differenz zwischen dem Pleban zu St. Benedict und den Juden, welche, wie weiter angeführt werden wird, vorzugsweise in dessen Pfarrsprengel ihre Wohnsitze hatten, die zwar nicht die Tragweite, wie das oben erwähnte Ereigniss hatte, die aber insofern wichtig ist, als sich an dieselbe die Entscheidung einer wichtigen Prinzipienfrage für die Erfurter Juden knüpft. Die Differenz selbst war folgende: Der Pleban verlangte von allen in seiner Parochie belegenen Häusern resp. Wohnungen die üblichen Abgaben, ohne Unterschied, ob deren Inhaber Juden oder Christen wären. Dagegen machten nun die Juden geltend, dass diese Abgaben eine Pfarrgebühr wären und daher von den Juden, welche nicht seine Pfarrkinder seien, nicht erhoben werden könnten. Da nun der Priester bei seiner Forderung verharrte und die Juden bei ihrer Weigerung verblieben, so kam diese Angelegenheit vor den Erzbischof Siegfried. Dieser befiehlt unterm 20. Juli 1240, dass der Pleban sein Recht der Erhebung von Abgaben von allen innerhalb seiner Parochie belegenen Wohnungen oder Häusern, gleichviel, wer sie auch inne haben sollte, mit Nachdruck geltend machen soll. Der Pleban muss indess dem erzbischöflichen Befehl nicht Nachdruck genug gegeben haben können, weil sehr wahrscheinlich die Juden in ihrem Widerstand gegen denselben durch den Rath der Stadt unterstützt worden sind; denn der Streit währete noch 33 Jahre lang, und erst am 10. Februar 1273 kam ein Vergleich durch Vermittelung des Stadtraths zu Stande, der dahin

---

*) Näheres siehe Falkenstein l. c. S. 75. Dominikus l. c. S. 286.

ging, dass drei von den streitigen Parteien erwählte Schiedsrichter die Sache zur Entscheidung bringen sollten. Diese Entscheidung fiel denn auch dahin aus, dass der derzeitige Pleban Conrad von Rode von den Juden alljährlich zu Martini sechs Talente Erfurter Pfennige erhalten, dahingegen die Juden von dem Pleban unbehelligt bleiben sollten. Gleichzeitig wurde bestimmt, dass, wenn noch mehr Juden innerhalb seiner Parochie Wohnung nehmen oder Häuser erwerben sollten, diese mit dem Geistlichen sich zu einigen hätten. Endlich wurde bestimmt, dass, wenn kein gütlicher Vergleich zu Stande kommen sollte, zwei Geistliche den Pfarrherrn und der Rath die Juden vertreten sollten, um so den Vergleich zu vermitteln. *)

Drittes Kapitel.

Die Juden unter Erzbischof Werner. Der erste Schutzbrief. Judenbezirk. Die Familie Kalonymos. Das Rabbinats-Collegium und dessen Autorität. Justizverfahren des Rathes gegen die Juden.

Kräftiger nimmt sich der Juden, oder richtiger der Juden Geld und Gut an, der Erzbischof Werner, ein geborener Graf von Falkenstein, welcher 1260 an die Regierung kam und 1283 starb. Dieser war der erste Mainzer Kirchenfürst, welcher den Erfurter Juden einen Schutzbrief gab und sie unter seine Jurisdiction stellte. **) Die Juden mussten denn auch diesen Schutz theuer bezahlen, denn sie hatten an ihn jährlich 100 Mark Silbers zu entrichten. Ausserdem hatten sie für jede Leiche in den Mainzerhof 30 Pfennige zu zahlen. Der Begräbnissplatz befand sich vor dem Moritzthore in der damals offnen Vorstadt, da, wo sich jetzt das Proviantamt befindet, enthielt eine zweite Synagoge und hiess bis vor nicht allzu langer Zeit der Judenkirchhof.

Vor etwa 20 Jahren fanden an dieser Stelle Umbauten statt, wobei viele jüdische Leichensteine gefunden worden sind, unter denen, wie Herr Professor Unger gelesen zu haben glaubt, sich einige befanden, deren Alter bis in das 9. Jahrhundert hinaufragt. ***) Ist das richtig, so erhebt das die Annahme, dass zu

---

*) S. Urkunde I. und II.
**) Urkunde III. Hogels handschriftliche Chronik S. 171; Falkenstein
l. c. S. 126.
***) Er hat aber keine abgeschrieben und sein Gedächtniss kann ihn
leicht täuschen.

Karls des Grossen Zeiten hier schon Juden gewesen seien, zur geschichtlichen Wahrheit. Was uns betrifft, so ist uns, trotz aller Mühe, die wir uns gaben, bis jetzt kein einziger jener ehrwürdigen Zeugen einer früheren Zeit zu Gesichte gekommen. Uebrigens sollen, wie uns Zunz mittheilt, schon vor 140 Jahren alte Leichensteine hier aufgefunden worden sein. Warum hat man doch so schwer gegen die Wissenschaft gesündigt, nicht einmal eine Abschrift von jenen wichtigen Epitaphien zu nehmen? Gewiss wird es die Nachwelt daher Bellermann, Zunz und Wolf Dank wissen, dass sie wenigstens einige dieser Epitaphien der Vergessenheit entrissen haben. Das Schicksal dieser Leichensteine ist überhaupt ein sehr trauriges gewesen. Es sind Strassen damit gepflastert, wie sich noch ganz insbesondere in der Allerheiligen-Strasse Spuren vorfinden, der Rest ist bei verschiedenen Bauten verwendet worden.

Glücklicher Weise sind wir nicht ganz ohne. Nachrichten über die Gemeinde jener Zeit. Die Wohnungen der Juden bildeten einen Bezirk, der beim Rathhause begann. Dort, in der Gegend der Schuhgasse, stand ein, im Jahr 1736 beseitigtes Thor, das Heidenthor genannt. Von hier ab erstreckten sich ihre Wohnungen längs der Gera bis an die Krämer- und Lehmannsbrücke, und nahmen also den Raum ein, wo sich gegenwärtig die Rathhausgasse, Milchgasse, der Benedictsplatz, die Kreuzgasse, Waagegasse und Michaelisstrasse befinden. An der Lehmannsbrücke stand ein Haus, der Judenzoll genannt, weil sie alljährlich um Weihnachten dort dem Kaiser den Zoll entrichten mussten. Unter den Stufen beim Mühlhofe hatten sie ein Spital; an der Gera in der Kreuzgasse ein Badehaus (Balneum Judaeorum). Ihre vier Fleischbänke lagen vor der Krämerbrücke, beim Eingang in die Kreuzgasse. Sie hatten mehrere Gemeindehäuser, die dem Rathe mit einem Pfund Geldes verzinst werden mussten. Ihre Haupt-Synagoge (denn eine zweite lag auf ihrem Friedhofe), welche noch jetzt in ihren Umfassungsmauern vorhanden ist, scheint mit ihrer Fronte nicht an der Strasse gelegen zu haben und bildet gegenwärtig das Hintergebäude eines öffentlichen Lokals (eines sogen. Kaffeehauses), Hausnummer 2545. Es ist ein mächtiges, beinahe viereckiges, drei Stock hohes Gebäude, in dessen oberen Geschosse, an der Ost- und Westseite, sich grössere Fenster im ältesten Spitzbogenstyl, und neben diesen Fenstern am westlichen Giebel noch zwei runde Fenster befinden. Leider haben die mannigfachen Bauten, welche im Laufe von Jahrhunderten im Innern des Gebäudes vorgenommen wurden, dasselbe so verändert, dass sich nicht mehr erkennen lässt, welche Eintheilung es damals gehabt haben mag, als es zu gottesdienstlichen Zwecken diente.

Wenn aber die Juden in Erfurt auch vorzugsweise in einem besonderen Stadttheile wohnten, so war derselbe doch nicht durch Mauern begränzt. Sie wohnten vielmehr untermischt unter ihren christlichen Mitbürgern. Eine besondere Judengasse, in welche sie eingeschlossen worden wären, hat es in Erfurt nie gegeben. Ihre Häuser nahmen einen Theil der Michaelis - und den grössern Theil der Benedictipfarrei ein, daher die vorerwähnten Streitigkeiten mit dem Pfarrer der letzteren, welcher dadurch an seinen Juribus Stolae und sonstigen Einkünften verlor.

Mit dem äussern Wachsthum stieg auch die Intelligenz der Gemeinde. Ein grosser Theil der Codices, welche in der hiesigen Evangelischen Ministerial-Bibliothek aufbewahrt werden, rührt aus jener Zeit her und giebt uns von dem wissenschaftlichen Streben der hiesigen Gemeinde in jener Zeit ein schönes Zeugniss. Erfurt war damals schon der Sitz eines angesehenen Rabbinats-Collegiums. Auch hatte es Gelehrte, die als Sterne erster Grösse an dem geistigen Himmel glänzten. So wird in der Schitta R. Bezallel's zu Kama unter andern Gelehrten auch R. Elasar aus Erfurt (42 a) angeführt. *) Dieser Elasar ist wohl kein anderer, als Elasars Sohn Kalonymos, dessen Leichenstein am 18. September 1863 in Flussbett der wilden Gera unter dem Karthäusergerinne aufgefunden worden ist. Der Stein trägt folgendes Epitaph:

במחצב הזה
הקורא יחזה שהוא
בעט ברזל נחצב ולציון
הוקם ונצב לראש ר'
אליעזר בן קלונימוס
הלוי שנאסף בשנת
ארבעים ותשע לפרט
בירח מרחשון ינוח טל'
על משכבו אמן סלה

An dieser Denksäule,
welcher mit eisernem Griffel (die Inschrift)
eingegraben worden, wolle der Leser ersehen,
dass sie zum Denkmal gesetzt und errichtet
worden zu Häupten des Rabbi Elasar Sohn, Kalonymos,

---

*) Zunz, zur Geschichte und Literatur, S. 40.

des Leviten, der eingegangen im Jahre 40
und 9 (1281), nach der gewöhnlichen Zeitrechnung,
im Monat Marcheschwau. Er ruhe in Frieden
auf seinem Lager. Amen. Selah.

Elasars Sohn, Kalonymos, war ein sehr bedeutender Masoretiker und schrieb ein Werk über Masora ketanah. Das Manuscript dieses Werkes wird in der hiesigen Ministerial-Bibliothek
aufbewahrt und ist nach dem Urtheile Sachverständiger ein Unicum
seiner Art. Der Verfasser zeichnet sich selbst in das Manuscript
mit den Worten: (Kalonymos der Punktator, Sohn des Rabbi Elasar) קלונימוס נקרן בן רב אליעזר.

Jetzt hat Herr Dr. Frensdorff aus Hannover von diesem Manuscripte Abschrift genommen. Zu bewundern ist, dass Zunz dieses
Kalonymos mit keiner Sylbe erwähnt. Die Familie Kalonymos
scheint über ein Jahrhundert geblüht zu haben, denn J. J. Bellermann bringt in seinem Universitäts-Programm (De Inscriptionibus
hebraicis Erfordiae repertis. Particula II. S. 14) von 1794 das
Epitaphium eines Mosche, Sohn Kalonymos, das uns beweist, in
welch hohem Ansehen der Verblichene gestanden haben muss. Es
lautet, von den Fehlern Bellermanns befreit, wie folgt:

פה נקבר
איש
חכם ונכר בא'
מחסור דכר הישיש
משה בר קלונימוס
שכבה נרו והלך לעולמו
ביום ו יד שבט על האבן
נחרט שעסק בגמילות
חסדים וטרח באמונה
והובא לקבורה בשנת
קנא לפרט לאלף
חששי תנצבה
אאא ססס

Hier ist begraben
der
weise, lautere und vollkommene
Greis, Mose Sohn, Kalonymos,
dessen Licht erlosch, und der in
eine höhere Welt eingegangen, am Freitag, den 14.
Schebath (Decbr.). Auf diesen Stein ist eingegraben,
dass er wohlthätig und redlich war. Er wurde
begraben im Jahre 151 (1391) nach der gewöhn-

lichen Zeitrechnung im
sechsten Jahrtausend. Seine Seele
sei aufbewahrt im Bunde des ewigen Lebens.
Amen. Amen. Amen. Selah. Selah. Selah.

An der Spitze des Rabbinats-Collegiums stand damals ein
gewisser Rabbi Wadarasch, welcher 1285 starb. Auf seinem Epitaph, das Bellermann ebenfalls bringt, wird er רבב titulirt. *)
Die Kenntniss einer Entscheidung des damaligen Rabbinates ver-
danken wir folgendem Umstande. In den Responsen zu Maimonides Jod Hachasake aus dem Jahre מכתב wird uns Folgendes
mitgetheilt: Im Jahre 1271 forderte ein Mann aus der unmittelbaren Nähe Erfurts **) seine des Ehebruchs stark verdächtige
Frau vor die Schranken des Erfurter Rabbinates. Dieses strengt
denn auch wirklich den Prozess gegen die pflichtvergessene Frau
an und schreitet zum Zeugenverhör. Die Zeugen werden nun
ermahnt, bei Strafe des schwersten Bannes, die reine Wahrheit
auszusagen. Die Zeugenaussagen sowohl, als auch die des eigenen Vaters der Angeklagten, lassen denn auch nicht den gering-
sten Zweifel an der Schuld des pflichtvergessenen Weibes aufkommen. Dennoch leugnet sie beharrlich ihre Schuld und weist
die gegen sie erhobene Anklage mit dem Bemerken zurück, dass
sie von ihrem Manne in gesegneten Umständen zurückgelassen sei.
Dagegen sprach nun der Umstand, dass der Mann im Adar 5031
von ihr weggegangen und erst im Aw 32, also nach 16 Monaten,
zurückgekehrt war. Dennoch gab das Erfurter Rabbinat sein Gutachten dahin ab, dass die Frau zwar den Scheidebrief empfangen
solle, dass aber, mit Rücksicht darauf, dass sie ihre Schuld beharrlich leugne, und in Erwägung, dass nur ein Zeuge (der Vater) ihre Schuld bis zur Evidenz bekundet — denn nur dieser
hatte mit Bestimmtheit ausgesagt, dass sie den Ehebruch begun-
gen — dass darum der Mann gehalten sein solle, ihr die כתובה
d. h. das Scheidegeld, zu geben.

Charakteristisch ist das Benehmen des eigenen Vaters der
Angeklagten. Er macht seiner Tochter wegen ihres unmoralischen

---

*) Näheres darüber siehe Note II.
**) Unsere Lehrer, die in unserer Nähe, in Erfurt. רבותינו הקרובים
אלינו שבארפורט Vielleicht entweder Alach oder Bindersleben. Er-
steres wurde 1244 dem Petersklooster einverleibt und Letzteres im
Jahre 1157 dem Abt Gebhard des Petersklooster vom Kurfürsten
von Mainz abgetreten. Gudenus, Codex diplom. I. S. 227.

Lebenswandels die bittersten Vorwürfe, die sie stets mit der Dro-
hung beantwortet, dass sie, wenn der Vater mit seinen Vorwürfen
nicht aufhöre, eine Abtrünnige werden wolle. Uebrigens, setzte
sie hinzu, sei sie ja wohl nicht die Erste, welche an anderen
Männern Wohlgefallen gefunden hätte, und würde auch nicht die
Letzte sein. Da treibt endlich die Herzensangst den frommen
Vater zu dem verzweiflungsvollen Entschlusse, der Tochter in
dem Strome ein nasses Grab zu bereiten, damit sie wenigstens
in dem Glauben ihrer Väter stürbe. Er eilt zu zweien Gelehrten
und erbittet sich von diesen Autorisation zur Ausführung seines
vermeintlich frommen Vorhabens, aber diese wird ihm nicht nur
verweigert, sondern es wird ihm entschieden von dem beabsich-
tigten Schritte abgerathen. Gewiss ein schöner Zug in einer Zeit,
wo das hitzige Fieber des Fanatismus die Bekenner fast aller
Religionen beherrschte. Dieser interessante Fall wird auch den
Würzburgern und dem berühmten Rabbi Mayer ben Baruch aus
Rothenburg zur Begutachtung vorgelegt, welches Letzeren Gutachten am ausführlichsten gegeben ist. Das quästionirte Urtheil
ist erst nach dem Eintreffen der betreffenden Gutachten gefällt
worden.

Haben wir nun durch diese Mittheilung einen Einblick in das
Gerichts-Verfahren des Erfurter Rabbinates gewonnen, so sei es
uns nun gestattet, das Verfahren mitzutheilen, welches auf Anordnung des Landgrafen Albrecht in der Stadt Eisenach in Pro-
zessen zwischen Juden und Christen und ebenso umgekehrt be-
obachtet werden sollte. Es durfte nämlich Niemand den Andern
wegen eines Pfandes oder wegen einer Bürgschaft beunruhigen,
wenn er ihn nicht vorher auf eine gesetzmässige Weise vor dem
Schultheissen oder Schöppen verklagt hatte. Da jeder andere
Erwerbszweig den Juden abgeschnitten war, so mussten sie sich
vorzüglich mit Geldgeschäften befassen. Es kann daher nicht
überraschen, wenn sie in Verordnungen, welche Pfänder, Schul-
denwesen u. dergl. betrafen, häufig genannt werden. In Ansehung
derselben wurde nun Folgendes bestimmt: Wenn sich eine ge-
stohlene Sache, sie sei verkauft oder verpfändet, bei einem Juden
findet, und versichert er eidlich, dass er von dem Diebstahle keine
Kenntniss gehabt habe, so muss er, jedoch gegen Wiedererstat-
tung des Geldes, und ohne Zinsen, die Sache wieder ausliefern.
Hatte ein Christ bei einem Juden gegen ein Pfand Geld geliehen
und es entstand zur Zeit der Wiedereinlösung entweder über die

Geldsumme, oder über die Zeit der Wiederbezahlung Streit unter denselben, so musste der Christ entweder durch das Zeugniss von Juden und Christen die Wahrheit seiner Angaben darthun können, oder musste die Geldsumme, gegen Auslieferung des Pfandscheines, bezahlen. Ueberhaupt konnte kein Christ einen Juden und umgekehrt kein Jude einen Christen durch Zeugen überführen, wenn unter den Letzteren nicht zugleich Christen und Juden auftraten. Nur der, dessen Treue und Ehre keinem Zweifel unterworfen war, konnte in einer Streitfrage Zeugen anführen, und fand ein Zeugenverhör gar nicht statt, wenn das Leben und die Ehre in Gefahr waren. *)

Viertes Kapitel.

Erzbischof Werner nimmt sich der verfolgten Juden an. Heinrich von Basel und sein Gnaden-Erlass an die Erfurter. Gerhard II. verpfändet die Einkünfte von den Juden an den Rath zu Erfurt.

Richten wir nach dieser kurzen Abschweifung den Blick auf die politische Geschichte der damaligen Juden Erfurts, so ist es kein allzu erfreuliches Bild, das wir erblicken, und wir müssen wirklich erstaunen, wie sie in der Schwüle unheilschwangerer Verhältnisse sich jene Frische und Beweglichkeit des Geistes bewahrt, die den Juden so sehr charakterisiren. Drei Herren stritten sich nämlich um die Wette, die Juden auszubeuten, es waren dies: der Kaiser, der Erzbischof und der Rath. Ein Jeder von ihnen hatte den Juden seinen Schutz verheissen und liess sich diesen Schutz recht theuer bezahlen. Wie selten es ihnen aber mit diesem Schutze Ernst war, sehen wir zu wiederholten Malen aus der Geschichte. Wird der Schutz aber den Armen wirklich gewährt, so ist nicht die Humanität die Triebfeder desselben, sondern die Befürchtung, dass mit den Juden dem Schutzherrn ein Theil seiner Einkünfte verloren gehen könnte. So kam es denn, dass die Juden schon wieder im Jahre 1266 unter den Augen des

---

*) Galetti, Geschichte Thüringens III., 201, 40. In der Erfurter Willkür findet sich vom Jahre 1340 noch folgende Anordnung: „Waz dinges vf dem marcte ader in den strazen gekouft wirt, daz eins iuden ist, des sal der iude wern als recht ist. Wirt iz abir gekouft in des iuden huze, so darf der iude des nicht wern." S. Heinemann, Statutarische Rechte für Erfurt, S. 91.

Rathes misshandelt wurden, ohne dass dieser den Bedrängten zu
Hülfe gekommen wäre, ja sein passives Verhalten bei diesem Vor-
falle weist sogar darauf hin, dass ihm die Emeute nicht unange-
nehm war, sondern dass er diese begünstigte. Um so mehr macht
es dem Bischof Werner Ehre, dass er sich der Verfolgten annahm
und den Erfurtern die Divina so lange entzog, bis sie sich nach
Gebühr mit ihrem Kurfürsten und Herrn aussöhnten. *)
Der Bischof Werner starb 1284 und erhielt erst zwei Jahre
darauf einen Nachfolger in Heinrich, Bischof von Basel, welcher
zum Erzbischof und Kurfürsten von Mainz ernannt wurde. Dieser
hielt schon am Anfange des darauffolgenden Jahres seinen Einzug
in Erfurt. Feierlichst wurde er von der gesammten Bürgerschaft
und Geistlichkeit eingeholt und begrüsst. Dieser Fürst hatte es
sich zur Aufgabe gestellt, während seines Aufenthaltes in Erfurt
den hier lange entbehrten Frieden und das gute Einvernehmen
unter allen Theilen der Bevölkerung wieder herzustellen. Um den
Erfurtern zu zeigen, wie sehr er den Frieden liebe, verkündete
er ihnen in einem Begnadigungsbriefe feierlichst Erlass der Strafe
für Alles, was sie sich zu Schulden haben kommen lassen. Auch
für den Angriff auf die Juden, der unter seinem Vorgänger in der
Regierung stattgefunden, verkündigt er ihnen feierlichst Erlass der
Strafe. Der Passus dieses Briefes lautet:

„Wir Bruder Heinrich von Gottes Gnaden, Erzbischof zu
Mainz, oberster Canzler des Reiches, thun kund allen Denen,
die diesen Brief sehend und hörend lesen, dass wir alle den
Unwillen über allerhand Brüche, heimliche und öffentliche, die
busswürdig waren, die wir hatten bis auf den heutigen Tag,
der da ist, da man zählt nach Gottes Geburt tausend zwei-
hundert siebenundachtzig Jahr, am 4. Tage des Monats März,
dem Rath und den Bürgern und der ganzen Gemeinde zu Erfurt haben lauter (luterliche) vergeben, also dass es von Niemand mehr soll gefordert werden. Wir bekennen auch, dass
wir allen Unwillen und Ansprüche und alle Forderung, die
wir hatten wegen der Juden zu Erfurt, es sei um ihren Kirchhof, oder um ihre Synagogen, oder alle anderen Sachen, heimliche oder öffentliche, die busswürdig (straffällig) waren, bis
vorgenannten Tag, haben lauterlich vergeben, also, dass es

---

*) Falkenstein S. 107 und Urkunde III., aus welcher jedoch nicht allzu
ersichtlich, dass es Gerechtigkeitsliebe war, welche Werner leitete,
wie die Chronisten es wollen.

nimmermehr soll gefordert werden. Auch wollen wir den
Juden zu Erfurt den Brief, den sie von unserem Vorfahren,
Bischof Werner sel. Andenkens, und unseres Capitels Insiegeln
haben, stets halten, wie zu der Zeit, als der Brief geschrieben" u. s. w. u. s. w. *)

Durch diesen auszugsweise gegebenen Brief, der bezüglich
der anderen Punkte in Falkensteins Erfurter Chronik S. 122, 123
nachzulesen ist, erhalten wir Aufschluss über das Vergehen der
Erfurter gegen die Juden. Es bestand also in nichts Geringerem,
als in einem Angriff auf ihre Heiligthümer: Synagoge und Kirchhof. Möglich, dass die Juden in ihren Gotteshäusern versammelt
waren und dort angegriffen wurden. Wir reden von Gotteshäusern, weil ausser der bereits Seite 8 gedachten Synagoge in der
Nähe des Rathhauses, die zweite auf dem Moritzplatze, also auf
ihren Gottesacker (S. 7), sich erhob. Bedeutend muss der den
Juden bei diesem Angriff zugefügte Schaden gewesen sein, wenn
der Bischof Werner zu einem Schritte, wie die Entziehung der
Divina es war, seine Zuflucht nahm. Wer aber zweifeln wollte,
dass hier von dem Angriff auf die Juden, welcher unter Werner
stattgefunden, die Rede ist und glauben möchte, dass ja möglicher-
weise während der Sedis-Vacanz noch ein anderer Angriff auf
die Unglücklichen stattgefunden haben könne, dem geben wir zu
erwägen, dass die Chronisten Letzteres nicht mit Stillschweigen
übergangen haben würden. Möglich, dass Werner nur vorläufig
die Sache auf sich beruhen liess, während er im Stillen sich vorbehalten hatte, seine landesherrlichen Rechte, die bei dem Angriff
auf die Juden auf das Gröblichste verletzt wurden, geltend zu
machen, sobald sich ihm ein günstiger Moment dazu darbieten
würde. Wenigstens stünde dieser Fall nicht vereinzelt da in der
Geschichte unserer Stadt, wo der Landesherr, scheinbar für den
Augenblick nachgebend, im Stillen an der Geltendmachung seiner
Hoheitsrechte (und zu diesen gehörten ja auch die Einkünfte von
den Juden) **) arbeitete, bis ein günstiger Moment endlich sein

---

*) Kürtzlich doch gäntzlich Verzeichnis aller vnd jeder particular Rech-
ten und Gerechtigkeiten, welcher, vnd keiner mehr, vor alten Zeiten,
die Ertzbischoue zu Maintz etc. an vnd in der freien Stad Erffurdt
sich damals angemast haben u. s. w.

**) Item, die Jüden, die zu Erffurdt gewonet haben mit jren Heusern,
Jüdenschulen vnd Jüdenbegrebde, haben dem Ertzbischoue zuge-
standen vnd jm järlichen geben hundert Mark Silbers, drey pfund

Streben krönte. So hielten es der Erzbischof Siegfried (1074)
und Adalbert (1125) in Betreff der Zehnten, und so hielten es,
wie wir bald sehen werden, auch spätere Bischöfe in Betreff ihrer
Ansprüche an die Stadt. Dieses Alles giebt uns also die Ueber-
zeugung, dass in dem Begnadigungsbriefe des Bischofs Heinrich
das Verbrechen gemeint ist, das an den Juden unter Werner begangen worden war.

Nach einer anderen Version eines in der Magistrats-Bibliothek
aufbewahrten handschriftlichen Chronikons sollen sich die Beamten
des Bischofs, bei dem Einzuge desselben in die Stadt, darüber
beklagt haben, „dass die Juden ihnen nicht genug geben und dass
Bürger und Rath Dörfer an sich kauften und der Clerisei keine
Güter mehr zukommen lassen wollten und dass zu befürchten
stehe, es möchte der Rath auch die andern Mainzischen Gerechtigkeiten antasten. Als aber der Rath in Beringer, dem Vitzdom,
und in Regenfluger Bürgen stellte, so sei ein Vergleich zu Stande
gekommen, und habe der Erzbischof den obengedachten Gnaden-
brief erlassen. Diesem entsprechend liest das Chronikon in dem
Briefe anstatt „wegen den Juden", „gegen den Juden". Allein
diese Chronik ist, wie wir schon oben gesehen, höchst unzuver-
lässig, was auch aus dem Umstande erhellt, dass der Chronist den
Einzug des Erzbischofs Heinrich in Erfurt in das Jahr 1281 setzt,
während dieser Bischof erst 1286 an die Regierung kam.

Der Erzbischof Gerhard II., welcher Heinrich in der Regierung gefolgt war, hatte am römischen Hofe drückende Schulden.
Die Mainzer Schatzkammer war aber erschöpft. Es blieben ihm
also nur zwei Rettungsmittel übrig, entweder seine Rechte zu ver-
äussern, oder zu verpfänden, um in den Besitz des Geldes zu gelangen. Er wählte das letztere Mittel, weil ihm in diesem Falle
noch Aussicht auf einstige Wiedererlangung seiner Rechte blieb,

---

Pfeffers, vnd zwo Gense. Vnd wann ein newer Ertzbischoff zu Maintz
zu Erffurdt eingeritten hat, so haben sie jm geben x. x. pfund sil-
bernen Geldes, vnd Pergamene in die Cantzley, dieweil ein Ertzbischoff zu Maintz zu Erffurdt gewest vnd dazu ist viel Helffegeltes
an des Ertzbischoffs Geistlichen vnd Werntlichen gerichtet von ihnen gefallen, vnnd alle frembde Jüden, die zu Erffurt nicht wonhafftig gewest, vnd daselbst begraben worden sind, hat jeglicher
einem Ertzbischoff geben für die Begrebde dreissig silberne Pfennige daselbst. Ferner erhielt er bei seinem Einzuge in Erfurt 20
Pfund Erfurter Pfennige und endlich von den Fleischbänken an der
Kreuztege jährlich 40 Pfennige. (Bibra-Büchlein.)

und verpfändete 1291 an den Erfurter Rath auf elf hinter einander folgende Jahre das Münz- und Marktrecht, nebst dem Schultheissenamt im Brühl und den Vortheilen über die Juden pfand- oder richtiger pachtweise, gegen 1000 Mark reinen Silbers. Diese Pfandverschreibung wurde vom Dom-Capitel 1294 bestätigt. *) Aber noch immer scheint die Geld-Calamität dieses Kirchenfürsten nicht beseitigt gewesen zu sein, denn wir sehen ihn am 12. October 1294 gegen Empfang von 300 Mark Silbers die Einräumung und Verpfändung der Aemter und Einkünfte von den Juden auf noch anderweitige drei Jahre extendiren. Da aber der Rath sein Recht missbrauchte und die Bürger und Geistlichen willkürlich brandschatzte, so war das dem Bischof eine willkommene Gelegenheit, mit dem Erfurter Rathe zu brechen und die Situation so viel als möglich zu seinen Gunsten auszubeuten. Er drohte zunächst, aber umsonst; er untersagte der Geistlichkeit die Abhaltung des Gottesdienstes, vergebens, denn die Geistlichen an den Stiftern hielten es mit dem Rathe. Fünf Jahre waren vergangen. Der Bischof, scheinbar ruhig, beobachtete das wohlbewährte Verfahren, im Stillen an, der Geltendmachung seiner Rechte zu arbeiten, um dem Gegner jedes Gegenmittel, das seine Absichten durchkreuzen könnte, zu benehmen. Endlich kommt durch Vermittelung des Kaisers Albert 1299 der Fuldaer Frieden zu Stande, der den Erfurtern 1900 Mark Silbers kostete. Hierzu mussten die Stiftsgeistlichen allein 300 Mark beitragen und alles kehrte in seinen vorigen Zustand zurück.

Fünftes Kapitel.

Die Juden leisten den Erfurtern Beistand in der Noth. Die Pest im Jahre 1315. Conrad's von Weissensee Tod. Vertreibung der Juden aus Thüringen und ihre baldige Rückkehr. Friedrich II. Schutzherr über die Juden.

Hatten nun auch, wie wir gesehen, die Juden bittere Kränkungen von Seiten des Rathes erfahren müssen, so liessen sie es ihm in der Zeit der Noth doch nicht entgelten, sondern standen ihm mit Gut und Blut treulich zur Seite. Hören wir, was uns die Chronisten erzählen. Der Landgraf Albert hatte dem König

---

*) Domin. S. 297. Falkenstein S. 168. (Urkunde IV. über den Vertrag von 1291 im Auszuge.) Die Urkunde über die Prolongation von 1294 ist abgedruckt Falkenstein S. 167.

Adolph ganz Thüringen für 12,000 Mark Silbers verkauft und Adolph war darauf 1294 mit seiner Kriegsmacht in Thüringen eingefallen. Wohin sein Fuss trat, liess er die Spuren unerhörter Grausamkeit zurück. Die Erfurter verhielten sich neutral und wollten sich nur zu der einen oder andern Partei um den Preis gänzlicher Unabhängigkeit schlagen. Mühlhausen und Nordhausen, welche ihre Unabhängigkeit bereits errungen hatten, dienten den Erfurtern als Vorbild. Sie glaubten um so mehr sich der Verwirklichung ihrer Wünsche nahe, als der Landgraf nach seiner Befreiung aus der Gefangenschaft in der Wartburg seinen Aufenthalt in Erfurt nahm und hier sein Leben ruhig beschliessen wollte. Die Erfurter nahmen ihn gastfreundlich auf. Sie versorgten ihn reichlich mit Speise und Trank und wiesen zwölf Rathsdiener zu seiner Bedienung an. Theils aus Dankbarkeit, theils aber auch aus Geldesnoth verkaufte er viele Güter, Herrschaften und Gerichte an die Erfurter. Aber der junge Landgraf Friedrich, den das Streben der Erfurter ohnehin bedenklich gemacht hatte, wollte den Verkauf nicht anerkennen, weil er ohne seine Einwilligung abgeschlossen worden wäre. Da die Erfurter nun auf ihrem Rechte beharrten und keine Einigung zu Stande kam, so brachen die Feindseligkeiten los. Der Landgraf fing damit an, dass er der Stadt jede Zufuhr an Holz, Salz und Kohlen abschnitt. Als sich aber die Städter zur Erlangung dieser nothwendigen Artikel einen andern Weg bahnen wollten, wurden sie von Friedrichs Lehnsleuten überfallen und unmenschlich misshandelt. Die Erfurter rächten sich nun dadurch, dass sie das Schloss Andisleben, das dem Landgrafen gehörte, zerstörten. Hierüber ergrimmt, liess sie der Landgraf vor das Landgericht nach Mittelhausen laden. Obgleich sie nach ihren kaiserlichen Privilegien von 1279, 1282 und 1290 vor einem auswärtigen Gericht nicht zu erscheinen brauchten, so erschienen sie dennoch, aber nicht wie Verklagte, sondern in feierlichem Gepränge. Der Landgraf wies sie ab und liess sie zum zweiten Male, und zwar ohne Procession, vor das Landgericht laden. Sie erschienen wiederum, aber in voriger Weise; da wurden sie plötzlich von den Kriegsleuten, welche Friedrich bis dahin versteckt gehalten, überfallen und in die Flucht geschlagen. Diese Treulosigkeit des Landgrafen liess die Kriegsfackel hoch aufflammen. Auf beiden Seiten wurden Verbündete geworben und die Erfurter Geistlichen von dem Rathe aufgefordert, dem Kriege durch ihre Anwesenheit den Charakter des Heiligen zu geben. Das

Kriegsglück war zuerst auf Seiten der Erfurter und sie erlang-
ten einige Vortheile. Als sich aber dasselbe von ihnen ab-
wandte und sie unter ihrem Hauptmanne Ludwig von Gottern bei
Schloss Mühlberg geschlagen wurden, *) so fielen ihre Verbünde-
ten, unter denen der mächtige Graf von Weimar war, von ihnen
ab, und die Erfurter waren auf sich selbst angewiesen. Eine
zweite von den Erfurtern verlorene Schlacht bei dem Dorfe Zim-
mern infra hatte Friedrich den Weg zur Stadt selbst gebahnt. In
Hochheim hatte er sein Hauptquartier aufgeschlagen und von dort
aus Weinberge, Häuser und Gärten zerstört, die Brandfackel in
das Brühl geworfen, und wäre der Wind nicht ungünstig gewesen,
so wäre die ganze Stadt ein Raub der Flammen geworden. Friedrich wollte nun auch auf die Stadt einstürmen, aber Christen und
Juden hatten die Mauern so stark besetzt, dass Friedrich die Be-
lagerung aufgeben musste (1309). **) Während wir bisher nur
schmerzlicher Ereignisse gedenken mussten, welche die Judengemeinde in Erfurt betroffen hatten, können wir mit Befriedigung
einen Augenblick bei dem Vorerwähnten verweilen. Die Verhältnisse müssen sich günstiger für sie gestaltet und sie ihre Existenz
ebenso bedroht gehalten haben, wie jene der gesammten Stadt-
gemeinde, indem sie, vereint mit ihren christlichen Mitbürgern, zu
den Mauern eilten, um die Vaterstadt zu vertheidigen. Auch muss
ihre Hülfe keine geringe gewesen sein, weil ihrer in der Peters-
Chronik ausdrücklich gedacht wird. Die Episode, bis zu dem für
die Erfurter so schmachvollen Frieden, können wir, als zu unserem
Gegenstande nicht gehörig, übergehen. ***)
Der Frieden war nun hergestellt und Erfurt würde gewiss
seine Segnungen empfunden haben, wenn die Zeit, in welche er
fiel, für dasselbe nicht eine allzu traurige, und er selbst nicht von
allzu kurzer Dauer gewesen wäre. Die Pest hatte im Jahre 1315
an 7985 Menschen weggerafft. Ein alter Chronist vermuthet, dass
sie eine Folge der Hungersnoth gewesen. Aber noch spukt hier
das alte Gespenst der Brunnenvergiftung und Hostienschändung
nicht, und die Juden bleiben im Allgemeinen unbehelligt, obwohl
ihr Himmel nicht mehr ganz heiter war und trübe Vorzeichen das

---

*) Falkenstein l. c. S. 174.
**) Die Peters-Chronik erzählt: Tantum ergo periculum Erfordenses ex-
    perti, postea muros suos tutius munierunt, tam Christianos quam
    Judaeos in turribus et propugnaculis collocantes.
***) Dominikus l. c. I. S. 299 — 301.

Herannahen der furchtbaren Katastrophe verkündigten, welche unter dem Namen „Judensturm" sich ein trauriges Andenken bewahrt hat.

Werfen wir, ehe wir auf die nähere Schilderung dieses traurigen Ereignisses eingehen, zuerst einen flüchtigen Blick auf die Juden in dem benachbarten Thüringen, so finden wir, dass auch hier ihre Lage keine beneidenswerthe war. Erpressungen, Verfolgungen und Vertreibungen waren abwechselnd die Lage, in welcher jene Unglücklichen sich befanden. Ja, sie sollten schon im Jahre 1303 ein Christenkind geschlachtet und sein Blut zu religiösen Zwecken benutzt haben. So unglaublich dieses Märchen auch erscheint, so verschaffte es sich doch selbst bei dem Landgrafen Glauben, und das war Grund genug, die unglücklichen Juden zu verderben. Höchst naiv erzählen die Chronisten diesen Vorfall, wie folgt:

In Weissensee haben die Juden einen Knaben, Namens Konrad, den Sohn eines Bergmannes, entführt und denselben in eine Weinbergshütte gebracht, die nicht weit vom See stand. Hier nahmen sie eine Art Passions-Geschichte mit ihm vor. Sie zogen ihn aus, durchstachen seinen ganzen Körper mit Pfriemen und fingen das Blut in Gefässen auf. Hierauf zogen sie ihm seine Kleider wieder an und hingen ihn an seinem Gürtel wieder auf. Die Eltern suchten ihren Sohn einige Zeit vergebens. Endlich fand ihn der Besitzer der obengedachten Weinbergshütte und meldete es seinen Eltern. Man glaubte, er hätte sich selbst aufgehängt; wie gross war aber das Erstaunen, als man seinen ganzen Körper durchstochen und alles Blutes beraubt sah. Friedrich, der Sohn des Landgrafen Albrecht, erhielt, als die Nachricht davon nach der Wartburg kam, von seinem Vater den Auftrag, sich nach Weissensee zu begeben und die Sache zu untersuchen. Er fand den Knaben noch in der Weinbergshütte liegen. Seine etwas verzerrten Gesichtszüge verriethen noch immer viel Sanftes und Einnehmendes. Gesicht und Brust waren mit einigen weissen und rothen Flecken bezeichnet. Alle Glieder seines Körpers waren noch so biegsam, als wenn er lebte. Unter den Nägeln der Finger und Fusszehen erblickte man Narben von Wunden, die dergestalt mit Teig verstopft waren, dass die Augen sehr leicht getäuscht wurden. Man setzte die kleine Leiche in der Peterskirche zu Weissensee bei, und mit heiliger Ehrfurcht bemerkte man, dass sie die Kraft der Wunderthätigkeit besitze. Dieses wurde Friedrich

nicht nur von verschiedenen glaubwürdigen Personen erzählt, sondern er sah selbst (sic!), dass ein Lahmer auf die Fürbitte des
seligen Knaben seinen ordentlichen Gang wieder bekam. Dieses
war für Friedrich genug, eine allgemeine Judenverfolgung in Thüringen anzustellen, und nur einige waren so glücklich, sich das
nackte Leben zu retten. *)
Diese Verfolgung schien aber nur von kurzer Dauer, und da
alle Judenverfolgungen damals auf ein Ziel hinausliefen, nämlich
das Geld und Gut der Juden sich anzueignen, so wird wohl, nachdem der eigentliche Zweck erreicht war, das Mittel überflüssig
geworden sein. Wir finden die Juden daher bald wieder in fast
allen Städten und Dörfern Thüringens. Und als der Landgraf
Friedrich II. seinem Schwiegervater, dem Kaiser Ludwig, zur Behauptung der Mark Brandenburg seinen Beistand geleistet hatte,
erhielt der Erstere von dem Letzteren als Lohn dafür die Oberhoheit über die Juden in Thüringen, Meissen und dem Osterlande.
Dieses gab Friedrich das Recht, nicht nur Steuern und Dienste
von den Juden zu fordern, sondern auch alle Gerichtsbarkeit über
sie auszuüben, die der Kaiser und das Reich über sie ausgeübt
hatten, und da die Juden bedeutenden Handel trieben und grosse
Abgaben davon bezahlen mussten, so waren diese Gerechtigkeiten
einträglich. **)

Sechstes Kapitel.
Der Judensturm und seine letzten Gründe.

Kehren wir nun, nach dieser kurzen Unterbrechung, zur Geschichte der Juden Erfurts zurück, so sehen wir schon immermehr
das Unheil sich entladen, das sich über dem Haupte der Erfurter
Gemeinde zusammen gezogen. Ein grosser Theil der Chronisten
ist geneigt, die Verantwortlichkeit für diese traurige Katastrophe
ausschliesslich dem Fanatismus der Dominikaner zuzuschreiben,
wir wären aber geneigt, den letzten Grund der düstern Schatten
dieser Erscheinung, in der allgemeinen Demoralisation zu
suchen; denn nur da, wo diese eingetreten, konnten die Dominikaner, welche leider einen nicht abzuweisenden Antheil an dieser,

---

*) Rothe, s. Menken SS. R. G. II. 1762. Tenzelii vita Fr. admorsi ap.
    Menken l. c. II. p. 945. An letzterem Orte ist das Zeugniss, das
    Friedrich über diese Begebenheit ausgestellt hatte.
**) Horn's Geschichte Kurfürst Friedrichs des Streitbaren, S. 389.

die Menschheit schändenden Handlung nahmen, einen fruchtbaren
Boden für ihr unlauteres Beginnen finden. Werfen wir einen
flüchtigen Blick auf die damalige politische Lage Erfurts, so wird
sich uns das bestätigen. Die steten Kriege, welche die Erfurter
mit ihren Nachbaren führten, hatten demoralisirend auf sie einge-
wirkt. Mord und Raub verlieren im Allgemeinen ihre abscheuliche
Gestalt und sind an der Tagesordnung. Das Heiligste wird im
frechen Spotte herabgewürdigt. Beim Kriege der Erfurter gegen
den Landgrafen Friedrich gehen die Streifzüge an den Feiertagen
wie an anderen Tagen vor sich. Gotteshäuser werden entweiht
und geplündert und das Heiligste nicht geschont. Die blinde Leidenschaft war einmal entfesselt, und nachdem das Verbrechen
seine Abscheulichkeit verloren hatte, hing das Damoklesschwert
an einem seidenen Faden über Freund und Feind. So wurden die
Geistlichen beraubt unter dem nichtigen Vorwande, dass man ja
ihr Eigenthum im Kriege beschützt habe und dafür Lohn zu fordern berechtigt sei. Was aber den Freund der Humanität am
meisten betrüben muss, ist, dass die Sittenverderbniss von den
Spitzen der Stadt auf die Hefe des Volkes übergegangen war.
Diejenigen, welche das Gesetz schirmen sollten, hatten es auf die
gröblichste Weise selbst verletzt. Sie und die Stadtjunker gaben,
wie der Chronist Falkenstein erzählt, kein Geschoss und hatten
sich darüber einseitige Privilegien ausgewirkt. Sie verschlangen
die Kriegsbeute, hetzten durch Vorenthaltung der Abgaben den
Erzbischof gegen die Bürger auf, verzögerten die Prozesse, hielten die Soldaten zu Privatbeschäftigungen an, vermehrten die Zahl
der Stadtschreiber, um selbst für das Wohl der Stadt gut zu schla-
fen, bedrückten die Bürger, und wenn diese im Schweisse ihres
Angesichts gearbeitet hatten und zu ernten hofften, wurde ihre
Hoffnung von den Hufen der Willkür zertreten. Gesetz und Recht
wurden zum starren Leichnam, denn nur da kann ein Diezel
sich erlauben, einen unschuldigen Menschen bei den Haaren durch
die Strassen zu schleifen und dann ein Messer zu ziehen, um den
Unschuldigen zu ermorden, und nur da kann man auf einem recht-
schaffenen Bürger, Namens Libelier, mit Sporen reiten.

Die fluchwürdige That will aber durchaus nicht als solche
gelten, darum muss „das Böse fortzeugend Böses gebären", das
tobende Gewissen wird nicht nur durch allerhand lächerliche Ausflüchte zu beschwichtigen gesucht, sondern man will die schwarze
That sogar zu einer Tugend stempeln, und da es oft gelingt, die

Menschen zu täuschen, so versucht man dieses auch bei Gott. So kommen denn neben dem Laster Heuchelei, Bigotterie und der krasseste Aberglaube zum Vorschein. Was man auf der einen Seite verbrochen, will man auf der andern Seite durch die Maske der guten Absicht zu verdecken suchen, und um dieses der Welt zu zeigen, ergiebt man sich, da die Denkweise einmal eine falsche Richtung genommen, dem hitzigsten Fieber der Menschheit, dem Fanatismus.

Und so hatten sich denn auch drei finstere Mächte verschworen, um die Blüthe auch der Erfurter Gemeinde zu knicken; *) diese finstern Mächte waren die Habsucht, die Bigotterie und der Fanatismus. Diese hatten sich wie folgt verkörpert: die Habsucht in den Junkern, welche den Juden Geld schuldig waren und dieses nicht bezahlen wollten, die Bigotterie in dem Rathsherrn Hugo Longus, und der Fanatismus in den Dominikanern, welche in Hugo ein williges Werkzeug fanden. Was das Volk betrifft, so war es, wie bereits erwähnt, tief entsittlicht und gehorchte jedem Mordbefehle, sobald ihm nur dabei reiche Beute winkte. — Für die Junker musste die Mordscene eine wahre Freude sein, denn war der jüdische Gläubiger todt, „dann bellte ja ein todter Hund nicht mehr". **) Ausserdem eröffnete sich den Junkern noch eine andere schöne Aussicht. Sie hatten nicht übel Lust, das Stadtregiment wieder allein an sich zu reissen, an welchem seit dem Jahre 1310 die Gemeinde mittelst der Vierherren Theil nahm, und wann wäre wohl eine Gelegenheit dazu günstiger gewesen, als diese es war? — Dass dieses aber wirklich ihre Absicht war, beweisen noch vorhandene Ueberreste der gerichtlichen Verhandlung über jenes traurige Ereigniss. ***) Als vornehmste Rädelsführer werden bezeichnet: Günzel von Rostock, Helwig, Goldschmidt, Schaller, Kunz von Witzleben, Sander von Schmira und noch vierzig Ungenannte. Die drei Ersteren wurden nachher hingerichtet, die Andern waren entkommen. — Eine hervorragende Rolle bei der Verschwörung spielt der Rathsmeister Hugo Longus.

---

*) Zunz sagt in seiner „Synagogalen Poesie des Mittelalters" S. 40: Erfurt hatte eine wohlhabende jüdische Bevölkerung von 3000 Seelen.

**) Eigene Worte der Verschworenen.

***) S. A. L. J. Michelsen, „zur Beurkundung des Judensturms zu Erfurt im Jahre 1349", in: Zeitschrift des Vereins für Thüring. Geschichte, Bd. 4, S. 151—168, wo auf Grund eines noch vorhandenen Theiles der Processakten jenes unheilvolle Ereigniss ausführlich erzählt wird.

Die Familie Longus war eng mit den Dominikanern verbunden, denn sie gehörte mit zu den Erbauern der Predigerkirche und des Klosters; der Vorname Hugo war erblich in der Familie. Hugo Longus (1268—1289) war Procurator des Klosters, wie sein in der Predigerkirche noch vorhandener Leichenstein nachweist. Andere Glieder der Familie stifteten reiche Spenden für das Kloster. Sie waren also eng mit demselben verbunden und werden die Grundsätze der Dominikaner zu den ihrigen gemacht haben. Daher ist es erklärlich, dass der Rathsmeister Hugo Longus, der dritte bekannte dieses Namens, sich an die Spitze der gegen die Juden aufgehetzten Volksmassen stellte und sie anfeuerte, die der Kirche abholden Juden aus dem Wege zu räumen. Die höchst wichtigen Aussagen der damaligen Rädelsführer, welche einem im hiesigen Stadtarchive vorhandenen Codex entnommen sind, theilen wir als Urkunde V. mit.

Zu all diesem kam noch der Aberglaube. Es ist bekannt, welches schreckliche Unheil der schwarze Tod damals angerichtet hatte. Da nun verhältnissmässig weniger Juden als Christen starben, kam man zu dem thörichten Wahn, dass Niemand anders als die Juden das Sterben herbeigeführt hätten, indem sie Brunnen und Heringe vergiftet und Gott weiss was noch Alles gethan hätten. Diesem ungeachtet würde wohl das Unternehmen der Junker missglückt sein, wenn sich nicht, wie bereits oben erwähnt, Hugo zu ihnen geworfen hätte. Als das Volk den mächtigen Rathsherrn an der Spitze der Bewegung sah, glaubte es im Sinne des Rathes zu handeln, wenn es den Sturm gegen die Juden unternahm. Dass aber auch der Rath der Sache nicht ganz fremd war, sehen wir daraus, dass Hugo, der Rädelsführer, straflos ausgegangen, er, der doch vom Rathe ausgesandt sein sollte, den Sturm zu beschwichtigen und der dieses nicht nur nicht that, sondern der auch die Todtschläger zum Beginnen ihres blutigen Werkes aufforderte. *) Auch wird sein mächtiger Einfluss bei der gelinden Bestrafung der Todtschläger nicht zu verkennen sein. Wie musste aber doch derselbe mit Blindheit geschlagen gewesen sein, wenn er nicht einsah, dass des Schwertes giftige Spitze gegen ihn selbst

---

*) Da stunden haubtleute zu aller Heiligen mit iren bannyrn vor dir kirchen. Da kam Er Hug der Lange zu inen und sprach: was stehet ir hie, ir solldt gehen hinden vor die wallengassen und soldt verwaren, ob die Juden daselbst wollten hinaus lauffen und soldt fast auf sie schlahen. (Vorgedachtes Schriftstück.)

sich wenden könnte. Aber so ergeht es dem blinden Eifer. Er
wüthet und wüthet, und während er gegen Andere zu wüthen
glaubt, wühlt schon seines Schwertes Spitze in seinen eigenen
Eingeweiden. Wären die Junker Sieger geblieben, sie würden
gewiss auch den Rathsherrn Hugo nicht verschont haben. Aber
sie blieben es nicht, so schlau auch ihr Plan angelegt war. Nach
diesem sollte die Leidenschaft des Volkes gegen die Juden ange-
stachelt werden. Ging nun der Rath gewissenhaft zu Werke, so
war er durch feierliche Verträge gehalten, die Juden zu vertheidigen. Versuchte es dann der Rath, der Leidenschaft des Volkes
Zügel anzulegen, so war es leicht, auf den Rath selbst den Sturm
zu lenken und ihm das Stadtregiment zu entreissen. So wäre ein
doppelter Zweck erreicht worden. Die Junker waren mit einem
Schlage ihre Schulden los und überdies Herren der Stadt. Doch
dieser Plan schlug fehl. Ein Rath, der das Recht mit Füssen tritt,
wird sich selbst durch die feierlichsten Verträge nicht für gebunden halten. So finden wir es natürlich, dass die Revolution ihre
Anstifter verschlang, während Andere sich bei dieser Katastrophe
bereicherten.

Die Juden Erfurts scheinen einen Ueberfall gefürchtet zu
haben, denn schon ihre Brüder in Gotha, Eisenach, *) Kreuzburg,
Arnstadt, Ilm, Nebra, Wiche, Tennstedt, Herbisleben, Langensalza,
Tamsbrücken, Frankenhausen, Nordhausen, Neuenburg und Weissensee waren ein Opfer des Fanatismus geworden. **) Diesen Ueber-

---

*) Schon zu Zeiten des Landgrafen Hermann (Ende des zwölften Jahr-
hunderts) waren in Eisenach und Umgegend eine beträchtliche Anzahl Juden, welche von ihm die Erlaubniss erhalten, die Judenstrasse
(seit 1825 „Carlsstrasse") zu bauen. Ihre Synagoge war massiv gebaut und ist jetzt noch auf der Sommerseite hinter der Wohnung
des Färbermeisters Christian Anhalt ersichtlich. Späterhin ist den
Juden die Löbersgasse zur Wohnung angewiesen worden und bald
entstand auch hier eine Synagoge, welche noch im Anfange des
funfzehnten Jahrhunderts vorhanden war. — 1343 wird die Judenstrasse ein Raub der Flammen. — Der Gottesacker der Juden lag
unweit der Hauptstrasse, die nach Gotha führt, diesseits der Sichen-
lache, in der Gegend, wo die Wegegeldeinnahme steht. (Storch, Be-
schreibung von Eisenach S. 21, 22 u. ff.)

**) Mühlhausen hatte bereits 1338 seine Juden erschlagen, nahm aber
1410 wieder welche auf unter der Bedingung, dass ein Jeder sieben
Rheinische Gulden als Geschoss an den Rath zahlte. Ein Schreiben
des Thüringischen Landgrafen Friedrich, Markgrafen von Meissen,

fall fürchteten sie in der Zeit, da sie im Gotteshause versammelt
waren, was, wie wir gesehen, allerdings nicht zu den Unmöglichkeiten gehörte, und dachten an Gegenwehr. Denn man fand in
der Synagoge treffliche Rüstungen an Armbrüsten, Spiessen und
Pfeilen, so dass man nicht wenig überrascht war, in dem Gotteshause auch ein Zeughaus zu entdecken.

Geben wir nun zur Illustration des Ganzen die einfache,
nackte Erzählung dieses Vorfalles, wie sie uns Dominikus in seinem Werke: „Erfurt und das Erfurtische Gebiet" nach der Chronik des Petersklosters giebt.

„Die Juden trieben um diese Zeit den ausgebreitetsten Handel.
Ihre Gefälle wurden sogar von Erzbischof Gerlach II. *) einige
Zeit an die Bürger verpachtet. Der grösste Theil des Rathes war
ihnen theils Capitalien, theils Wucher-Interessen schuldig. Bei der
Unmöglichkeit der Bezahlung und der Zudringlichkeit der Juden
war kein anderes Mittel, als Ohnmacht mit Tücke und diese mit
Verfolgung zu waffnen. Man gab ihnen daher erst von der wei-
testen Ferne Schuld, sie könnten durch Brunnen- und Herings-
vergiftung das Menschensterben veranlasst haben. Bald wollte
man Säcke voll Arsenik in den Brunnen gefunden haben. Die all-
gemein angenommenen Betrügereien der Juden mussten jetzt als
die unwiderlegbarsten Beweise dieser unerwiesenen Handlung dienen. Auf einmal brach in ganz Deutschland die Wuth und Verfolgung gegen die Juden aus. In Erfurt fiel die Bürgerschaft wie
ein ergrimmter Tiger über seinen Raub her. Hundert Juden fielen
in ihre Dolche, oder wurden unter ihrem Streithammer zerschmet-
tert. Die Entkommenen retteten sich in ihre Häuser, verriegelten
Thür und Fenster, besetzten alle Eingänge und machten sich zur
Gegenwehr bereit. Die Wuth stieg mit dem Widerstande. Man
warf Feuerbrände, und hoch loderte die Flamme über den Opfern
der Unschuld. Mehr als 5000 Juden, **) wovon sich ein Theil
selbst ins Feuer stürzte, fanden hier auf eine, die Menschheit
empörende Art ihr Grab. Der Rath traf zwar einige Vorkehrungs-
mittel, aber sie waren so unwirksam, dass er seine Mitwirkung
nicht verbergen konnte, und er war der Erste, der an Aufsuchung
der hinterlassenen Schätze dachte. Von den zerstörten Reichthümern

---

an Nordhausen und Mühlhausen, den Judensturm betreffend, geben
wir als Note III.

*) Soll wohl heissen: Gerhard.

**) Nach Andern 6000; noch Andere 9000 (wohl übertrieben).

zog er allein 844 Mark löthigen Silbers, die er 1350 und 55 verkaufen liess. Der Erzbischof, dem mit Vertilgung der Juden ein
wichtiger Artikel seiner Erhebungen entging, konnte sich nicht
eher mit der Stadt wieder aussöhnen, bis sie sich zur Ersetzung
seines Schadens und zur Erstattung eines jährlichen 100 Mark
betragenden Judenzinses (ein Name, der die verübte Schandthat
im Andenken erhielt) anheischig gemacht hatte, wodurch sich
dann der Rath von der Judenschaft losgekauft hatte." *)

Siebentes Kapitel.

**Die Nachwehen des Judensturmes. Rückkehr der Juden nach
Erfurt. Synagoge von 1351. Friedrich III. und seine Brüder
lassen sich von Kaiser Karl IV. die Oberhoheit über die Juden
in Thüringen bestätigen. Sie geben den Juden Schutzbriefe.
Folgen des Judensturmes in Nordhausen.**

Der Sturm war zwar bald verrauscht, aber die Nachwehen
blieben nicht aus. Der Rath konnte seine Mitwirkung an dem
Verbrechen nicht mehr leugnen und seine Entschuldigung, dass
die Juden die Brunnen vergiftet hätten, wurde von dem Erzbischof,
als nicht erwiesen, verworfen. **) Ausserdem hatte ja der Rath

---

*) Nach Dominikus l. c. S. 321. Der berühmte Henricus von Erfurt
hat in einem Gedichtchen die damaligen Verhältnisse charakterisirt,
das wie folgt lautet:
    Pestis regnavit, plebis quoque millia stravit.
    Insolitus populus flagellat se seminudus,
    Contremuit tellus, Populusque crematus Ebraeus.
    Inclytus atque pius Princeps obiit Friedericus.
    Fit terrae dominus Fridericus filius ejus.
Ein anderer Reim, der als eine Uebersetzung des vorigen betrachtet werden kann, lautet:
    Die Pestilenz regierte geschwind,
    Nahm hin viel tausend Menschenkind,
    Die Geissler sah man nackend gehn,
    Sich selber schlagen mocht man sehn.
    Die Erde ganz erbebt zur Hand;
    Der Juden wurden viel verbrannt.
**) Der Churfürst Gerlacus empfand dieses tolle Beginnen der Bürger-
schafft sehr hoch, indem in denen Juden seine Regalia waren geschwächt und vermindert worden. Die Stadt wandte die Vergiftung
zur Ursache vor, womit aber der Churfürst nicht zufrieden, weil
diese Beschuldigung nicht erwiesen, sondern vielmehr vermuthlich

sein Mitwissen an dem Verbrechen dadurch gezeigt, dass er den
Raub der Unglücklichen an sich nahm und als sein Eigenthum
betrachtete. Ein Blick in die Rechnungsbücher der Stadt aus den
Jahren 1351 — 1466 belehrt uns, dass fast jedes Jahr ehemalige
Judenhäuser auf Kosten der Stadt theils reparirt, theils neugebaut
wurden, dass ferner im Jahre 1357 ebenfalls auf Kosten der Stadt
eine Synagoge gebaut, sowie Bücher verkauft wurden, welche die
Unglücklichen hier zurückgelassen. *) Diese Aneignung fremden
Eigenthumes hatte indess das weite Gewissen des Rathes weiter
nicht belästigt. Wenn ihm jedoch Etwas Unruhe bereitete, so war
es die Furcht vor dem Erzbischof, dessen „Regalia" geschwächt
worden waren. Indessen sind Regalia zu ersetzen und der er-
findungsreiche Rath wusste bald auch diese Klausel zu beseitigen.
Er hatte an dem Domherrn Wilhelm von Sauwelnheim und an
dem Propst zu St. Victor, beide in Mainz, gute Fürsprecher,
welche den beschädigten Erzbischof glauben machten, der Rath
sei unschuldig und hätte mit der ganzen Sache nichts zu thun
gehabt. Ja er hätte es den Mordgesellen gern gewehrt, wenn er
dies nur vermocht hätte. In der Urkunde, welche Bischof Gerlach
von Mainz im Jahre 1349 am Sonnabend vor St. Margarethen den
Erfurtern ausgestellt hat, heisst es: „dass er (der Erzbischof) in
Erwägung der Dienste, welche die Stadt Erfurt ihm, seinen Vor-
gängern und dem Erzstifte Mainz erwiesen und auf ihre vorge-
tragene Bitte, ihnen die üble Geschichte, welche sich mit den
Juden zu Erfurt zugetragen habe, verzeihen wolle. Demnach
werde weder er selbst, noch sollte Jemand von sein und des Stif-
tes wegen die Erfurter insgesammt oder einzeln darum ansprechen
oder beschweren, indem er von Wilhelm von Sauwelnheim, Domherrn, und Niclas, Propst zu St. Victor in Mainz, auch andern
seiner Freunde belehrt worden sei, dass die damaligen Rathsmeister, die Räthe und die Vier (Vierherrn) der Gemeinde sich
bei dieser Geschichte so bewiesen haben, dass ihnen dieselbe leid
und zuwider gewesen **) und dass sie das Alles abgewehrt hätten,

---

war, es sey dieses Spiel vielmehr von Denjenigen angestellt worden,
welche denen Juden viel schuldig, und damit sie nun dieselben nicht
bezahlen durfften, so räumten sie dieselben aus dem Wege, weilen
ein todter Hund nicht mehr bellet. Die Stadt wurde bei so bewand-
ten Umständen condemnirt, jährlich an die Churfürstliche Kammer
1000 Mark Silbers abzuführen. (Falkenstein S. 228.)

*) Wir geben dieses Rechnungs-Verzeichniss in Note IV.

**) Siehe Urkunde VI. u. VII., in welcher letzteren die Erfurter dem

wenn sie vor Leibesnoth es hätten thun können. (!!) Auch bewilligt er, wenn die Bürger der Juden Güter, Häuser, Hofstätten und was sie sonst hinterlassen hätten, an sich gebracht haben, dass sie das behalten sollen — doch dem Erzstift ohne Schaden. Zugleich verzichtet — der Bischof auf die Schulden, welche die Bürger oder ihre Angehörigen und Eingesessenen an die Juden gehabt haben." *) Es wirft gewiss ein grelles Streiflicht auf die Rechtsanschauung des Landesherrn, wenn er mit dem Vermögen eines Theiles seiner Unterthanen nach Gutdünken verfahren zu können glaubte und dieses ruhig und kalten Blutes den Räubern zusprach, wenn nur sein Säckel nichts dabei verlor. Diese Rechtsanschauung, oder richtiger, diese Verhöhnung des Rechts erlangte jedoch ihren höchsten Ausdruck in einer Urkunde, welche der Bischof in dem nächstfolgenden Jahre (1350) zu Lichtmess an die Stadt erliess. In dieser Urkunde ertheilt er der Stadt die gnädige Bewilligung, alle Schulden, welche die Grafen von Beichlingen den Juden zu Erfurt schuldig geworden, mit allen Rechtsansprüchen einzufordern; dabei sollte es dem Rathe überlassen bleiben, wie er mit den Grafen sich auseinander setzen wollte. **) Welch ein Gaudium für den geldlüsternen Rath! Indessen war der Rath selbst nach der Besänftigung des gekränkten Erzbischofs noch nicht aller Gefahr enthoben. Hatte ja auch der Kaiser sein Votum bei einer Sache einzulegen, bei welcher seine Interessen so stark berührt waren. Da indess die Macht des Kaiserthums nicht mehr die frühere war und der Rath vorläufig nichts von ihm zu fürchten hatte, so übereilte er sich auch nicht, das Reichsoberhaupt zu versöhnen. So rächt sich die Rechtslosigkeit auf das Bitterste an Denen selbst, welche sie gut heissen und das schreiendste Unrecht zum Recht stempeln, wenn es nur von Dem ausgeht, in dessen Händen die Gewalt sich befindet.

So heftig aber auch der Sturm erbrauste, so war er doch nur von kurzer Dauer. Mag nun sein, dass der Rath wirklich zur Erkenntniss seines Unrechts gekommen und dass es Wahrheit war, was er dem Bischof schreibt und durch seine Organe sagen lässt — dass ihm die Sache leid sei (woran uns freilich seine frühere

---

Erzbischof ihre Unterwürfigkeit versprechen und sich verpflichten, den Landesherrn schadlos zu halten.

*) Zeitschrift des Vereins für Thüringische Vaterlandskunde, IV. Bandes 3. und 4. Heft, S. 322.

**) Daselbst S. 324.

Handlungsweise gegen die Juden bescheidene Zweifel hegen lässt),
oder (und das leuchtet uns eher ein) dass ihm nunmehr über die
eigentliche Absicht der Anstifter jener Mordscene ein Licht auf-
gegangen war —: genug, wir sehen die Misshandelten 1349 wieder in Erfurt und 1350 bilden sie schon wieder eine ansehnliche
Gemeinde. Die Freizinsbücher aus dem letztgedachten Jahre,
welche im hiesigen Stadtarchiv aufbewahrt werden, zählen allein
dreiunddreissig jüdische Hausbesitzer auf, *) von welchen Häusern
wiederum zehn gemeinschaftlicher Besitz waren. Nehmen wir nun
an, dass etwa der dritte Theil der Juden Hausbesitzer waren (und
das können wir um so mehr annehmen, als ein grosser Theil der
im Judenbezirke belegenen Häuser jüdischen Eigenthümern gehörten), so ergiebt das ein Resultat von 129 Familien, oder, die
Familie durchschnittlich zu vier Seelen gerechnet, 516 Seelen.
Dieser Umstand widerlegt die Versionen der alten Chronisten, von
denen die eine dahin gehet, dass damals alle Erfurter Juden um-
gekommen seien, und die andere, dass sie alle von hier verjagt
worden wären. Wäre das Eine oder das Andere ganz richtig, so
hätte in einer Zeit, welche der Ansässigmachung und Ausbreitung
der Juden nichts weniger als günstig war, innerhalb eines Jahres
unmöglich eine solch ansehnliche Gemeinde sich wieder heran-
bilden können. Wir glauben vielmehr, dass ein Theil der Verfolgten sich hier geschickt verborgen gehalten hat, bis der Sturm
sich gelegt hatte und dann zum Vorschein kam, als die Gefahr
vorüber war, während ein anderer Theil in ein in der Nähe Erfurts belegenes Dorf, in welchem eine jüdische Gemeinde war,
sich geflüchtet hatte und ebenfalls zurückkehrte, als keine Gefahr
mehr zu fürchten war. Für unsere Annahme spricht der Umstand,
dass uns die Chronisten von einer Judenverfolgung auch im Jahre
1349 erzählen, was doch gewiss die Anwesenheit von Juden in
hiesigem Orte voraussetzt. Aber unsere Behauptung wird auch
durch eine Erzählung in einer hebräischen Quelle unterstützt, die
zwar das, was sie uns mittheilt, in die Form der Sage kleidet,
aus der aber unsere Ansicht, dass ein nicht unansehnlicher Theil
der jüdischen Gemeinde in eine Nachbargemeinde sich geflüchtet
hat, zur geschichtlichen Wahrheit erhoben wird. Die Stelle, von
welcher wir reden, ist enthalten im Buche „Emek Hamelech" und

---

*) Die vorherrschendsten Namen sind: Mayer, Magnus, Löser und Suza-
mann.

ist aus dieser in das „Schnee luchot Habbrith" übergegangen. Dort erzählt Avigdor Karo Folgendes:

„Ich habe vernommen von meinem Vater, meinem heiligen Herrn — Gott räche sein Blut! — wie im Jahre 112, einige Jahre nach dem bösen Verhängniss, in der Nähe Erfurts ein Dorf übrig geblieben, in welchem die Feinde nicht gewüthet. *) Daselbst wohnte ein weiser, frommer, jedoch nicht ganz gelehrter Greis, der im guten Greisenalter starb. **) Dreissig Tage nach seinem Scheiden erschien er einem ausgezeichneten Weisen, welcher in Erfurt seinen Wohnsitz hatte, im Traume, und es war dem Letzteren, als wenn der Verstorbene in seinen Sterbegewändern vor ihm stände, ein kleines Büchlein in der Hand haltend. — Bist du es nicht, sprach der Fromme, den wir eines Tages begraben? — Ja, ich bin es, antwortete der Gefragte. — Und was für ein Buch hast du in der Hand? fragte der Fromme weiter. — Es ist der Psalter, ich bin gekommen, um dich zu ermahnen, dass du die Bewohner meines Ortes aufforderst, diesen zu fliehen und ihr Leben zu retten, denn auch über sie ist nunmehr das Unglück verhängt: ***) sie sollen sich flüchten in die Gemeinden. Denn so lange ich lebte, habe ich viele Jahre hindurch je allwöchentlich den ganzen Psalter ausgebetet. Dieses mein Gebet hat ihnen bis jetzt Frieden und Rettung verschafft, jetzt aber haben sie mit mir ihre Rettung verloren.

„Als der Morgen anbrach, war des Weisen Gemüth unruhig; er schickte einen ausserordentlichen Boten mit einem Warnungsschreiben dahin. Einige unter ihnen fürchteten des Frommen Worte, flohen und waren gerettet; Andere aber, die das Eintreffen des Unglückes in Zweifel zogen, die blieben und des Frommen Worte kein Gehör gaben, traf die Hand Gottes und dessen Verhängniss schwer. Als mein Vater das vernahm, unterliess er nicht, allwöchentlich ganz Thillim zu beten."

So sagenhaft diese Erzählung auch klingen mag, so haben wir doch keinen Grund, einer Mittheilung derselben die geschichtliche Wahrheit abzusprechen, nämlich der Mittheilung, dass im

---

*) שמעתי מפי אבא מורי הקדוש הי״ד כי בשנת קי״ב שנתיי אחר הגזרי נשאר כפר אחד סמוך לערפורט שלא שלטו בו האויבים וגו׳.

**) איש מסכן וחסיד ולא כל כך יודע לבד פשוטי המקרא והיה זקן ונפטר בשיבה טובה.

***) כי כלתה עליהם הרעה.

Jahre 112 in einem Orte in der Nähe Erfurts eine Gemeinde gewesen war. 112 entspricht der Jahreszahl 1351 nach der gewöhnlichen Zeitrechnung. Der Erzähler theilt uns also mit, dass seine Gemeinde, ein Dorf in der Nähe Erfurts, dessen Name leider nicht genannt ist, bis zum Jahre 1351, also mehrere Jahre nach dem Verhängniss, von 1348—49 (שנתי׳ אחר הגזרות) unbehelligt geblieben und dass auch ihr nunmehr Unglück prophezeihet ward. — In diese Gemeinde hatten sich die Erfurter Juden in den Sturmjahren geflüchtet (der Erzähler soll die Leiden des Flüchtlings selbst gekostet haben und der Vater desselben, wenn auch nicht in Erfurt (in Prag) ein Opfer der Volksjustiz geworden sein, wie aus dem Ausruf: Gott räche sein Blut! klar erhellt) und kehrten, wie gesagt, nach dem Sturm zurück. Wie gross muss doch die Liebe zu ihrem heimathlichen Boden gewesen sein (wenn man eine Scholle Erde, wo sie die von ihnen eingeathmete Luft dreifach bezahlen mussten, so nennen darf), wenn sie trotz wiederholter Enttäuschungen sich immer wieder und wieder unter den Schutz des treulosen Rathes gestellt hatten! Und wie vergilt der Rath ihr Vertrauen? Wir haben vernommen, wie er die hinterlassenen Schätze sich rechtswidrig angeeignet. Giebt er ihnen aber wenigstens Gotteshaus und Gottesacker zurück? Mit nichten. Diese hatte er vermiethet oder verkauft, und aus dem Freizinsbuche vom Jahre 1350 lernen wir auch die Namen der damaligen Besitzer derselben kennen, denn in diesen werden genannt:

„Th. et Gotzo Brunonis, Eckbertus de Nordheim et Apel Lubelin haben an Freizinsen zu zahlen:

De scola Judeorum VI Pfg.

De cymeterio Judeorum VI Pfg.“

Dieser früher von der Judengemeinde zu zahlende Zins hatte also von den neuen Besitzern übernommen werden müssen. Indess muss doch eine Art Aussöhnung zwischen dem Rath und den Juden zu Stande gekommen sein, denn in dem Zuchtbriefe von 1351 sagt er, dass er mit Allen, die den Juden etwas zu Leide thun würden, sprechen wolle. Ja, er überträgt den Juden sogar eine Art Sanitätspolizei. In §. 16 des gedachten Zuchtbriefes sagt er: „Finnichtes und mit Leinkuchen gemästetes und ander böses Fleisch soll nirgend anders denn unter der Juden Hut verkauft werden.“ So waren mit einmal die, welche Brunnen und Heringe vergiftet und das Menschensterben herbeigeführt haben sollten, zu Wächtern des Lebens und der Gesundheit bestellt;

welch eine Ironie des Schicksals! Auch sehen wir, wie schon
oben gesagt, aus den Stadtrechnungen, dass, da die Synagoge
einmal wenigstens in zeitweiligen Privatbesitz übergegangen war,
der Rath auf Kosten der Stadt im Jahre 1357 eine neue Synagoge
erbauen-lässt. Eine Abbildung derselben hat sich in Samuel-Fri-
tzen's handschriftlicher' Chronik, die im Besitze des Herrn Karl
Herrmann sich befindet, S. 280 erhalten. Es ist ein düsteres
Gebäude im gothischen Style, auf einer kleinen Anhöhe gelegen,
mit seiner Fronte von Osten nach Westen und vergegenwärtigt
uns so recht deutlich die gedrückte Stimmung der Zeit, welcher
es seine Entstehung verdankt. Seine kleinen vergitterten Fenster,
die nur spärlich das Tageslicht einströmen liessen und die so recht
geeignet waren, die Seufzer und Klagen der Unglücklichen in ihren
Mauern verhallen zu lassen, sein hoch gelegener Eingang von
aussen, der innen in die Tiefe führen musste, seine nichts weniger
als symmetrischen Strebepfeiler mit ihren tiefen Nischen sind so
recht geeignet, den düsteren Charakter der Zeit zu vergegenwär-
tigen, in welcher es entstanden. Die Ueberreste dieser Synagoge
sind nach dem grossen Brande von 1736 abgetragen. Sinnhold in
seiner Erfordia literata und nach ihm Hartung theilen uns mit, dass
in der Himmelspforte früher eine Synagoge gewesen sein soll, welche
1479 zu einer christlichen Kapelle eingeweiht wurde und könnte
man diese als die in Rede stehende Synagoge betrachten, wenn
nicht eine Notiz, welche im Falkenstein S. 260 u. 263 zu finden,
dagegen spräche. Daselbst heisst es:

„Es kamen nämlich im Jahre 1357 Abraham von Fulda, Cassel
von Arnstadt, Adelkind von Dornburg, Rabbi Feudlin und andere
Juden mehr nach Erfurt. Diese mietheten von dem Rathe die
Judenschule, welche dieser in den Sturmjahren an sich gebracht
hatte und die jetzt wüste lag, um etliche Mark ab. Auch hatten sie sich unter des Rathes Schutz gestellt, dessen sie auch eine
Zeit lang theilhaftig wurden, so dass sie in die noch verlassenen
Judenhäuser kauf- und miethweisse einziehen durften. Jedoch
sollte dieser Schutz nur dauern, so lange sie lebten. Für diesen
Schutz mussten sie auch eine starke Schatzung geben, damit der
Rath der Juden Schule und Häuser wieder bauen und repariren
konnte. Die von den früheren Juden zurückgelassenen Bücher
verkaufte der Rath 1362 für 34 Mark oder 238 Gülden, nachdem
er vorher aus den vorgefundenen Büchern und Gütern 844 Mark
löste. Hier ist zwar deutlich gesagt, dass derselbe im Jahre 1357

die im Jahre 1349 verwüstete Synagoge reparirt habe. Indess ist diese, den vorhandenen Freizinsbüchern zu Folge, zu dieser Zeit im Privatbesitz gewesen, so dass man annehmen kann, dass in diesem Jahre (1357) die S. 33 erwähnte zweite Synagoge erbaut worden ist, welche in der Nähe der jetzigen, dem Hinterhause von 2533 gegenüber lag *) und, wie ebenfalls erwähnt, 1736 abbrannte. Ein urkundlicher Beweis hierüber lässt sich nicht beibringen und nur weil das Jahr ihrer Erbauung nicht bestimmt angegeben ist, wagen wir diese Annahme.

Ebensowenig authentische Nachrichten sind über die Synagoge vorhanden, welche in der Himmelspforte gewesen sein soll. In Sinnholds Erfordia literata Bd. 3 S. 73 wird nur angeführt, dass „die Capelle daselbst ehemals eine Juden-Synagoge gewesen sein „soll, welches man aus einigen noch vorhandenen Behältnissen, „darinnen ehemals die Juden ihre bei den gottesdienstlichen Versammlungen gebräuchlichen Bücher verwahrt gehabt, schliessen will." **)

Haben wir nun gesehen, wie Erfurt bald nach der Vertreibung der Juden diesen wieder ihre Thore geöffnet, so werden wir bald bei den Städten in ganz Thüringen ein gleiches Verfahren gegenüber den Vertriebenen gewahren. ***) Die Chronisten berichten uns einstimmig, dass ungeachtet der grossen Verfolgung ein Theil Juden zurückgeblieben und die sich durch die Flucht gerettet, bald zurückgekehrt waren. Nun hatte zwar schon, wie wir oben gehört, Kaiser Ludwig dem Landgrafen Friedrich II. die Juden in seinem Lande unterworfen, doch Landgraf Friedrich III. und seine Brüder liessen sich von Kaiser Karl IV. eine neue Bestätigung darüber ertheilen, die ihnen das Recht gab, alle Juden in Meissen, Thüringen, dem Osterlande, der Mark Landsberg und dem Lande Pleissen, besonders aber auch in den Städten Zeitz, Naumburg und Halle mit allen den Steuern und Diensten zu belegen, die sie ehemals dem Kaiser und dem Reiche schuldig gewesen waren. Doch legte ihnen diese Bestätigung auch die Verbindlichkeit auf, den Juden ihren Schutz zu ertheilen; das thaten die Landgrafen auch, aber sie machten sich, wie es scheint, nur auf eine gewisse Zeit dazu verbindlich, denn 1375 ertheilen sie

---

*) Wir geben die Abbildung derselben vor dem Titelblatt.
**) Note V.
***) Note VI.

allen Juden und Jüdinnen in ihrem Lande einen Schutzbrief, vermöge dessen sie dieselben als ihre Kammerknechte, gegen eine jährliche Abgabe von 1100 Rheinische Gülden, auf sechs Jahre in ihren besonderen Schutz nahmen und sie von der Gerichtsbarkeit der Vögte und Schultheissen befreiten. Zugleich versprachen sie, dieselben bei ihren Volksrechten zu belassen, sie vor dem weltlichen und geistlichen Bann zu schützen und ihnen nicht weniger als den Christen Recht widerfahren zu lassen. Auch erklärten sie dieselben von allen Geleiten, Zöllen, Bethen und Schatzungen frei und endlich machten sie sich anheischig, sie nicht zu hindern, wenn sie während der Zeit wegziehen wollten und sie mit ihrer Habe nach Erfurt oder Halle zu geleiten. *) Dieser Schutz war aber wiederum nicht von allzulanger Dauer, obwohl er von Zeit zu Zeit erneuert wurde, denn 1401 jagte Landgraf Balthasar die Juden aus seinem Lande, nachdem er ihnen grosse Geldsummen abgenommen hatte, **) wahrscheinlich um sie bald darauf wieder zurückzuberufen und auf's Neue zu pressen.

Nicht so glücklich wie Erfurt war Nordhausen wegen des Judensturmes beim Kaiser weggekommen. Auch Nordhausen hatte, wie oben erwähnt, 1349 seine Juden erschlagen; dadurch hatten sie sich die Ungnade des Kaisers zugezogen, der sich nicht eher mit ihnen aussöhnen wollte, bis sie ihm Ersatz böten. Am 22. Juli 1350 überweist nun der König Karl die Güter der in der grossen Judenverfolgung zu Nordhausen „verderbten" Juden an den Grafen Heinrich von Hohenstein, Herrn zu Sondershausen und giebt ihm und den Grafen Günther und Heinrich von Schwarzburg zugleich die Macht, mit den Nordhäusern sich zu einigen; erst wenn dieses geschehen, wolle er sie von aller Schuld lossprechen. Am 15. August desselben Jahres bekennt Heinrich von Hohenstein nebst den beiden Grafen von Schwarzburg, dass sich die Nordhäuser mit ihnen berichtet haben, gleichzeitig bemerkt er, dass er die Königlichen Briefe dem Rathe zu Erfurt übergeben habe und sie nicht mehr gebrauchen will. ***) Worin dieser Vergleich bestand, ersehen wir aus einer Urkunde, die im Archive zu Rudolstadt sich befindet. In derselben, welche das Datum 1351

---

*) Galetti l. c. III. S. 307. Horn l. c. S. 389.

**) Galetti l. c. IV. S. 108, mit Recht sagt er daselbst: „Die Juden glichen Schläuchen, die, wenn sie recht angefüllt sind, wieder ausgedrückt werden."

***) Urkunden im Stadtarchive zu Nordhausen. Näheres Note VI.

am 5. October trägt, bekennen jene drei Grafen, dass die Nord-
häuser für sie 400 Mark löthigen Silbers an die Stadt Erfurt zur
Berichtigung des Judengutes gezahlt haben und quittiren darüber.
Auch hatten die Nordhäuser an Erfurt eine Obligation über 218
Mark in derselben Angelegenheit ertheilt.

Achtes Kapitel.

Himmelspforte an die Juden verkauft. Verordnung des Rathes
über die Tracht der Juden, sowie über die Verwaltung der
inneren Angelegenheiten. Erweiterung des Kirchhofes durch
Ankauf des Bliedenhofes. Judenmeister Elias. Besteuerung der
Juden. Der Rath borgt sich bei einem Juden 1000 Goldgülden
und verpflichtet sich, wenn er nicht pünktlich bezahlte, zum
Einlager mit vier Pferden. Erneuerte Verordnung des Rathes
über Kleidertracht und innere Angelegenheiten der Juden.
Steuern.

Im Jahre 1360 geht das Haus „zur Himmelspforte" an Mayer
von Nürnberg, an dessen Frau Selde, dessen Bruder Gerson und an
Süssmann, des Letzteren Sohn, für 250 Pfund Erfurtischer Pfennige
und 10 Mark löthigen Silbers Erfurter Zeichens und Währung wie-
derkäuflich über. Es wurde jedoch bestimmt, dass die Käufer alljährlich an den Rath 10 Pfund Erfurter Pfennige in halbjährlichen
Raten entrichten und dafür von jeder andern Abgabe frei sein
sollten. Auch wurde bestimmt, dass das gekaufte Haus von ihnen
nicht anderweitig vermiethet, verpfändet oder verkauft werden
sollte, sondern sie sollten zwar, so lange Einer von ihnen noch
lebte, im ungestörten Besitz ihres Gutes verbleiben, aber nach
dem Ableben des Letzten von ihnen sollte das Haus an den Rath
zurückfallen. *) — Die Himmelspforte blieb indess nicht allzu
lange im Besitze der Juden, denn kurz darauf kaufte sie der Rath
wieder von ihnen für 55 Talente 11 Groschen und übergab sie
1412 Amplon Ratingen, der daselbst das „Amplonianische Kolle-
gium" gründete. **) — 1372 gab die Stadt aus besonderer Liebe
und gutem Willen dem Erzbischofe Johannes, wie die am Freitage
nach Mariä Würzweihe ausgestellte Quittung besagt, 450 Mark
Silber und tilgte mit 250 Mark die noch rückständigen Juden-

---

*) Abschrift der Urkunde im Besitz von Karl Herrmann.
**) C. Beyers neue Chronik von Erfurt.

gelder. *) — Ein Jahr darauf liess der Erfurter Rath folgende Verordnung gegen die Juden ergehen: Es sollten alle Juden, welche
in die Jahre kommen, lange Röcke, Stiefeln, und Sommers und Win-
ters Hüte tragen. Wollten sie jedoch im Winter Kogeln (Mützen)
den Vorzug geben, so müssten diese über den Mänteln getragen
und Hüte darauf gesetzt werden. Wenn jedoch fremde Juden hierher zu Gaste kämen, so sollte ihnen erlaubt sein, vier, sechs und
längstens acht Tage Kogeln zu tragen; wollten sie jedoch länger
hier verweilen, so sollten auch sie gehalten sein, Hüte zu tragen.
Auch sollten die Juden keine Gürtel oder anderes Gezier von Gold
und Silber tragen. Dagegen soll es den Frauen erlaubt sein,
an den Armen silberne Hefte, $1/2$ Mark schwer, aber nicht kost-
barer, zu tragen. Auch sollte kein Jude in Erfurt so verwegen
sein, in den Fasten, so lange die Fahne auf dem Thurme wehe,
Fische zu kaufen. — Die Verwaltung der Gemeinde sollten fünf
Parnossen haben, von denen ein Jeder „seinen Zehnten seiner Geschosse, Almusen und andere Gemeinschaft einträchtiglich ein-
nehmen und aufgeben soll". Entsteht Streit zwischen den Parnossen, so wollte der Rath ihr „Obermann" sein und den Schuldigen
zu 40 Mark Silbers verurtheilen. Endlich sollte sich die Gemeinde
einen Meister (Rabbiner) kiesen und besolden, dem die Parnossen
vorgesetzt waren. Diesem Meister lag es ob, den Beschlüssen der
Parnossen, nöthigenfalls mit Gewalt und dem Bannstrahle, Geltung
zu verschaffen. **)
Trotz aller Beschränkungen aber scheint die Gemeinde immer
mehr und mehr zugenommen zu haben; das sehen wir wenigstens
daraus, dass sie unablässig an die Erweiterung ihrer Gemeinde-
Institution denkt. Sorgte sie früher für Erbauung und Erweiterung
ihres Gotteshauses, so kaufte sie anno 1375 am Martinsabend vom
Rathe zur Vergrösserung ihres Gottesackers ein Stück vom Blie-
denhofe (dem städtischen Zeughause), welcher bei St. Andreas
an der Stadtmauer in der Nähe des Moritzthores, also des alten
jüdischen Gottesackers, gelegen und an denselben grenzend war.
Hierfür sollten sie jährlich an den Rath 5 Schillinge entrichten.
Dagegen sollten sie auch die Erlaubniss haben, zu bauen, zu kehren und zu wenden, wie es ihnen nützlich erschiene, nur sollten

---

*) Falkenstein l. c. S. 270.
**) Von Millwitz, verschiedene historische Nachrichten. (Manuscript im
Stadtarchiv.)

sie die Stadtmauern unbeschädigt lassen. Wollten sie jedoch zu ihrem Nutzen oder zu ihrer Bequemlichkeit eine oder zwei Pforten bauen (um unmittelbar aus der Stadt auf den Gottesacker kommen zu können), so habe der Rath nichts dagegen zu erinnern. — In demselben Jahre kam auch zwischen dem Rathe und den Erfurter Juden das Uebereinkommen zu Stande, dass Letztere auf fünf hinter einander folgende Jahre alljährlich 850 Pfund Pfennige dem Rath geben sollten, jedoch mit der Massgabe, dass, wenn Eventualitäten eintreten, welche eine allgemeine Steuererhöhung nothwendig machen würden, auch die Juden gehalten sein sollten, 4 Pfennige pro Mark mehr zu entrichten. Ausgeschlossen von dieser Uebereinkunft ist der Judenmeister Elias und dessen Familie, welche sich besonders verpflichten mussten, an den Rath alljährlich zu zahlen: für die beiden Eheleute (Elias und Rifka) 6½ Mark löthigen Silbers, für ihre Kinder, Bruderskinder und ihre Schnur jährlich 34½ Mark löthigen Silbers; und ausserdem mussten sie der bereits gedachten Eventualität sich unterziehen. Dieser Judenmeister muss sehr reich gewesen sein, das ersehen wir nicht nur aus der hohen Besteuerung seiner Person und seiner Familie, sondern wir finden auch in Urkunden, welche im Weimarischen Staatsarchiv vorhanden sind, dass diesem Judenmeister fast alle benachbarten Fürsten ansehnliche Summen Geldes schuldig waren. *) — Ihr Versprechen, dem Rathe pünktlich die gedachten Summen zu zahlen, mussten die Juden eidlich erhärten. Dieses Alles aber genügte dem geldgierigen Rathe nicht, und als er 1377 unter andern Kriegsrüstungen auch eine eiserne und eine metallene Büchse, Steine damit zu schiessen, anfertigen liess, so mussten dazu, sowie zu anderen Baukosten die Karthäuser 50 und die Juden 100 Pfund, und die gesammte Bürgerschaft 439 Mark, letztere aber das Jahr darauf wiederum 274 Mark hergeben. — Als die oben genannten fünf Jahre um waren, liess der Rath (1380) am St. Katharinentage die ganze Gemeinde vor sich kommen und s c h w ö r e n, dass sie ihm 2200 Mark löthigen Silbers — schenken wollten, und zwar sollten entrichtet werden: 1) am nächsten Unserer Frauen Tag 400 Mark, 2) an dem darauf folgenden St. Jacobstag 1000 Mark und 3) ein Jahr darauf, ebenfalls am St. Jacobstag, 800 Mark. Dafür sollten sie auch in den darauf folgenden Jahren von Steuern ganz f r e i s e i n und nur

---

*) Urkunde VIII. IX. X.

die Kleinigkeit von 1000 Pfund Erfurtischer Pfennige, oder Pfennige, welche dem Erfurter Rathe genehm wären, so wie 50 Mark löthigen Silbers Erfurter Zeichens und Erfurter Währung dem Rathe geben. Auch hier wird die Klausel beigefügt, dass die Juden, falls eine allgemeine Steuererhöhung eintreten sollte, mit participiren müssten. Auch waren sie solidarisch für die pünktliche Entrichtung der Steuer verantwortlich gemacht. War ein Jude hier eingezogen, so musste er mit tragen helfen, war er verzogen und wieder eingezogen, so sollte er nach Verhältniss der Zeit seines Hierseins und seines Vermögens mit participiren. Dagegen sollten die Juden Niemand unter sich dulden, „der nicht Bürger geworden." Aber trotz all dieser Erpressungen glich der Erfurter Rath einem löcherigen Sacke, der nicht zu füllen ist. Seine fortwährenden Reibereien mit den Nachbaren machten ihm eine stete Rüstung und kostspielige Festungsbauten nothwendig. Und da er überhaupt mit dem Schweisse der Bürger nicht allzu sparsam umging, so war er fast immer in Geldverlegenheit. Folgendes Beispiel giebt uns einen eclatanten Beweis. Im Jahre 1381 unternahm der Rath, wie uns Falkenstein mittheilt, mehrere kostspielige Bauten. Unter Anderm wurde das Gewölbe im Johannisthor nebst seinen Flügeln (Fittichen) und ein neues Wünschhaus (?) in der Futtergasse ad legendum novum cippum in novo foro gebaut; dazu war Geld und wieder Geld nothwendig. Die Bürger hatten aber schon seit 1378 von jeder Mark Geschoss, die sie zu entrichten hatten, einen Pfennig (etwa ein Silbergroschen) Wallgeld geben müssen, das betrug in diesem Jahre 1116 Mark. Nun waren die christlichen Bürger nicht allzu geneigt, mehr zu geben. Was die Juden als Gesammtheit betraf, so haben wir gesehen, wie sie der Rath wacker ausgesogen hatte und konnte er mit Fug und Recht, selbst nach der damaligen Rechtsanschauung, nicht wieder kommen. Da borgt sich der stolze Erfurter Rath von einigen Juden 1000 Goldgülden und verspricht ihnen von jedem Gülden wöchentlich einen Scherf, so lange die Schuld nicht entrichtet sein würde. Das Geld war auf achttägige Kündigung gegeben, und machte sich der Rath anheischig, falls er nach erfolgter Kündigung die Schuld nicht rechtzeitig abtragen sollte, in der Juden Häuser, hier in Erfurt oder wo sie sonst wohnten, mit vier Pferden Einlager zu halten. *) Sechs Jahre darauf erhielten

---

*) Aus Hass gegen juristische Weitläufigkeiten, Grillen und Verdrehungen, verschaffte man sich damals lieber auf einem kürzeren Wege

einige Juden die Erlaubniss, auf den der Stadt gehörigen Schlös-

Recht; man brauchte dazu entweder Gewalt, daher die ewigen Feh-
den, oder Güte, daher mancherlei sonderbare Verträge. Ein solcher
Vertrag, wobei man keines Richters bedurfte, war unter andern das
Einlager, obstagium, eine Gewohnheit, die sich in der Mark Brandenburg bis in's 17. Jahrhundert erhalten hat. Wenn Jemand Geld ent-
lehnte, oder sich in einen andern Vertrag einliess, so versprach er
oder sein Bürge in dem Falle, dass an dem bestimmten Tage die
Schuld nicht getilgt oder das Versprechen nicht gehalten würde, mit
einer gewissen Anzahl Pferde und Leute in ein Wirthshaus an einem
festgesetzten Orte einzureiten und daselbst so lange zu zehren, bis
der Gegner befriedigt oder das Einlager durch besondere Güte erlassen worden sei. Ein Beispiel von dieser Art befindet sich in der
Geschichte des Markgrafen Albrechts des Zweiten von Brandenburg
vom Jahre 1212. Albrecht hatte mit Kaiser Otto IV. einen gewissen
Vergleich errichtet, der in sechs Wochen erfüllt werden sollte. Geschähe dieses nicht, so sollten zwanzig Brandenburgische Ritter nach
Braunschweig reiten und vor Erfüllung des Vertrages sich nicht ohne
kaiserliche Erlaubniss von dort entfernen. Die Stadt und das Wirthshaus wohin, und die Zahl der Pferde und Personen, womit der Schuldner oder Bürge einreiten sollte, wurde vorher ausdrücklich bestimmt.
Die Ursache, sowie der Nutzen dieser sonderbaren Gewohnheit war,
dass der Schuldner desto eher bezahlen, oder überhaupt sein Versprechen erfüllen sollte. Weil er durchaus in ein Wirthshaus und in
keine andere Wohnung reiten, und für sein Geld mit vielen Leuten
und Pferden zehren musste, so konnten ihn die vielen Kosten wohl
bewegen, lieber seinen Gegner zu befriedigen, als sich durch so grossen Aufwand in tiefere Schulden zu stürzen. Der Schuldner und
sein Bürge, wäre es auch ein Landesfürst gewesen, verpflichtet sich
persönlich ins Einlager zu reiten. Das that im Jahre 1254 der
Churfürst und Markgraf Ludwig der Römer. Er lieh sich 235 Mark
Silbers von einigen Frankfurter Bürgern und machte sich im Fall
der Nichtbezahlung zum persönlichen Einlager nach Frankfurt
anheischig. Wollte der Schuldner oder Bürge sein Versprechen nicht
halten und nicht in das Einlager reiten, so hatte der Gegner die
Freiheit, Schandgemälde und Schmähschriften an Kirchen, Rath-
häuser, Galgen und Rad anzuheften und den, der das Einlager ge-
brochen hatte, als einen Mann ohne Ehre, mit den schwärzesten
Farben und mit den heftigsten Worten aller Welt zur Warnung und
zum Abscheu zu schildern. — Als im Jahre 1559 Johann Georg von
Anhalt von den altmärkischen Ständen 30,000 Thaler lieh, ertheilte
er ihnen, wenn er die Schuld nicht zu rechter Zeit tilgen würde,
„volle Macht und Gewalt, ihn an Kirchen, Klausen, Rathhäusern und
anderen öffentlichen Orten, wo es ihnen gefällig wäre, mit Gemälden
und Inschriften anzuschlagen, zu schmähen, zu schelten und bei
Jedermann auf's Aergste auszurufen, wie solchen Leuten, die ihre

sern Kapellendorf und Mühlberg sich niederlassen zu dürfen. Für
diese Begünstigung sollten sie dem Rathe alljährlich 50 Mark
löthigen Silbers entrichten, ebenfalls mit der Massgabe, dass sie
der mehrgedachten Eventualität sich unterziehen müssten, was,
wenn dieses eintreten sollte, auf ihr Theil die Summe von 3 Mark
Silbers ergab. *) Im Jahre 1389 hatten die Juden an den Rath
zu zahlen: für jedes Gotteshaus 6 Mark feinen Silbers, fürs kalte
Bad 4 Mark, fürs Tanzhaus (?) 16 Schock (Pfennige?), für den
Kirchhof 10 Schock und für die Erlaubniss, mit alten Kleidern
handeln zu dürfen, 18 Schock. — Da sich die Juden, mehr als
dem edlen Rathe lieb war, vermehrten, so verordnete er Folgendes:

1) Die Juden sollen keine Christen-Knechte, Mägde oder Ammen
   halten;

2) alle Juden sollen, damit man sie kennen möchte, Stiefeln und
   Mäntel mit vier Hauptfenstern und lange Hüte ohne Kogeln,
   oder Kogeln über den Mänteln tragen, die über die Haupt-
   fenster langten; und

3) kein Jude darf in der Stadt wohnen, der nicht Bürger geworden ist.

Hierauf mussten die Parnossen die Liste aller jüdischen Bürger und Derer, welche Angehörige solcher wären, anfertigen und
dem Rathe einreichen, und es ergab sich deren Zahl auf 76.
Ausserdem waren aber noch 26 arme Familien, welche weder 30,
noch 20, noch 10 Rheinische Gulden geben konnten. Für diese
zahlten ihre reichen Brüder an den Rath die Gesammtsumme von
37 Schock Groschen. **) — Ein Jahr darauf kam zwischen dem
Rathe und den Juden ein neuer Vergleich zu Stande, nach welchem sie zunächst auf drei hinter einander folgende Jahre alljährlich 400 Pfund Erfurtischer Pfennige, und zwar quartaliter, und
100 Mark löthigen Silbers, je zu Martini, entrichten sollten. Dieses Uebereinkommen scheint stillschweigend auf noch mehrere
hinter einander folgende Jahre prolongirt worden zu sein, denn
1391 einigt sich der Rath mit den Juden dahin, dass sie so viel

---

ausgesetzte Ehre, Brief und Siegel nicht einlösen, gebühre, daran sie
dann nichts gefrevelt oder Unrecht gethan haben sollten". — Im
16. Jahrhundert wurde wegen verschiedener Missbräuche das Einlager verboten, allein wir finden noch 1620 in Brandenburg Schuld-
verschreibungen auf diese Art ausgestellt. (National-Magazin S. 274 ff.

  *) Von Millwitz l. c.
 **) Urkunden im Provinzial-Archiv zu Magdeburg.

geben sollten, als in dem Geschossbuch der Kämmerei jetzt eingezeichnet ist. Als Kuriosum haben wir hier zu erwähnen, dass
einigen Erfurter Rathsherren, welche den Juden von Schweinfurt
Geld schuldig waren und dieses zu zahlen verweigerten, von dem
von Weissenburg, Obristen Schenken des römischen Königs, als
sie im Reiche zu thun hatten, aufgelauert und dieselben von ihm
gefangen genommen wurden. Sie mussten so lange in Gefangenschaft verweilen, bis sie den Juden gerecht wurden.

Neuntes Kapitel.

**Wenzel's Schuldentilgungs-Erklärung. Der Rath schützt die
Juden gegen die Ansprüche des Grafen Berthold von Henneberg. Judensteuer. Heller, Judenmeister. Johann von Allenblumen kauft die Einkünfte von den Juden. Sigismund und
sein Schutzbrief. Schuldner an die Juden.**

Ein trauriges Bild der damaligen Rechtsanschauung, oder richtiger der Rechtslosigkeit des Schwächeren giebt uns die Schuldentilgungs-Erklärung des Königs Wenzel, eines Regenten, dessen
Name in der Reihe der Träger der deutschen Kaiserkrone nicht
mit Ehren gedacht werden kann. Der Chronist Falkenstein erzählt uns, wie im Jahre 1390 die Juden wegen ihres Wuchers
beim Kaiser verklagt wurden. Ohne den wahren Sachverhalt zu
untersuchen, habe derselbe die Juden verurtheilt zur Herausgabe
der von ihnen innegehabten Pfänder und die Schuldner von der
Entrichtung ihrer Schuld an die Juden befreit. Die Schuldner
mögen indess bei dieser Verordnung zu früh gejubelt haben,
wenn sie glaubten, einer unbequemen Last enthoben zu sein; die
Früchte der ungerechten Verordnung sollten sie nicht geniessen,
denn die Ausführung dieser Verordnung in Erfurt wurde vom
Kaiser dem Rathe übertragen, welcher sicher, da er im Geldpunkte
keinen Spass verstand, die Schulden gewiss mit eben der Strenge
eingetrieben haben wird, die man den Juden als Schuld ange-
rechnet und wegen deren man das vorerwähnte kaiserliche Edikt
ausgewirkt hatte. Die Schuldner werden daher gewiss nicht besser daran gewesen sein, als früher.

Wir sagten, dass Wenzel die Juden verurtheilt habe, ohne
zu untersuchen, ob die gegen die Juden erhobene Anklage wegen
Wuchers gegründet war. Um so mehr ist es unsere Aufgabe, die Richtigkeit dieser Anklage zu prüfen. Wenn wir die

damaligen Verhältnisse nach dem Massstabe unserer heutigen Verhältnisse bemessen wollten, so müssen wir allerdings einräumen, dass die Juden in jener Zeit gar argen Wucher getrieben haben mögen; aber solch ein Urtheil wäre nicht unparteiisch und gerecht, wie es die Geschichte verlangt. Wäre eine streng gerechte Untersuchung gegen die damaligen Juden eingeleitet worden, so hätte sie nimmer zu einer Verurtheilung derselben führen können. Wollen wir daher streng gerecht urtheilen, so müssen wir vor Allem folgende Momente ins Auge fassen:

1) Gehörte der dritte Theil des Vermögens der Juden von vorne herein dem Kaiser, den dieser den goldenen Opferpfennig zu nennen beliebte;

2) hatten sie an den Erzbischof und den Rath schwere Abgaben zu entrichten;

3) begnügte sich der Rath nicht mit den ständigen Abgaben, sondern es wurden die Juden auch von ihm dermassen gebrandschatzt, dass sie wohl aus Verzweiflung wuchern mussten, um die Geldgier des nimmersatten Rathes auch nur für Augenblicke zu befriedigen; und

4) waren ihnen nicht nur rechtmässige Gewerbe und Handwerke zu betreiben untersagt, sondern es waren ihnen auch die Hallen der Wissenschaft fest verschlossen. Mit Rücksicht darauf hatten ihnen sogar einige Fürsten und Städte den Wucher in ihren Schutzbriefen privilegirt.

Ja, diese vier Momente müssen wir bei der Bildung unseres Urtheils in's Auge fassen, dann wird es gewiss nicht zu Ungunsten der Angeklagten ausfallen. Dass aber die damaligen Juden selbst unter diesen traurigen Verhältnissen nicht ganz verkommen, ja dass in jener Leidensnacht ihr Geist seine Beweglichkeit nicht verlor, das gereicht ihnen gewiss zur grössten Ehre; doch kehren wir wieder zum politischen Theil unserer Arbeit zurück. So ungerecht auch der Kaiser durch sein Decret gehandelt hatte, so müssen auch über dessen Ausführung Irrungen zwischen dem Rathe und den Kaiserlichen Beamten entstanden sein, über deren Gegenstände uns indess alle und jede Nachrichten fehlen. Es ist möglich, dass der Rath nicht so viel Geld in die Kaiserliche Schatzkammer abgeliefert, als man erwartet hatte. Genug, es waren Irrungen entstanden, die beizulegen waren. Der Rath verlangte, wie man heut zu Tage zu sprechen pflegt, Decharge über das ihm übertragen gewesene Commissorium und deshalb stellte König

Wenzel zu Nürnberg, Donnerstag nach Judica (9. März) 1391 eine Urkunde aus, *) in welcher er bescheiniget, dass er, der König, in Betreff der Juden, die in Erfurt sind, in keiner Weise den Rath ansprechen, hindern oder beschädigen will noch kann, sondern dass das, was er oder seine Nachfolger von den Juden zu fordern hätten, durch den Erzbischof von Mainz und dessen Erzstift vermittelt werden sollte. Zugleich begeht er die Gewissenlosigkeit, dem Rathe und der Stadt zu bewilligen, dass sie alle Schulden, die sie gegen die Juden zu Erfurt und an anderen Orten haben, oder wegen deren sie bei ihnen für andere Leute Bürgen (Selbgelder) geworden sind, oder worüber sie Verschreibungen ausgestellt, oder Pfänder eingesetzt haben, einzuziehen und in ihren Nutzen zu verwenden Macht haben sollen, ohne dass sie Jemand daran hindern, oder die Freiheit, die der König Fürsten, Grafen, Herren und anderen Leuten gegeben habe, im Wege stehen soll, jedoch anderer Gegenstände dieser Freiheit unbeschadet. Nur wo Jemand den Juden zu Erfurt etwas schuldig wäre, dessen Landesherr oder Gemeinde sich bis daher mit dem König noch nicht gerichtet hätte, oder wenn Jemand nach Datum des obgedachten Gnadenbriefes ihnen schuldig geworden wäre, dessen Schulden sollen die Juden einziehen. Wenn die Juden Pfänder in Händen hätten, die sie bis dato dieses Briefes nicht veräussert haben, diese sollen sie wieder herausgeben. **) Ferner nimmt der König die Stadt in seinen besonderen Schutz und das Reichsgeleit in allen Landen und auf allen Strassen und befreiet sie, dass sie und die Ihren Niemand vor den König und das Reichshofgericht laden soll u. s. w.

Die Beamten der Kaiserlichen Kanzlei waren bekanntlich auf die Sporteln angewiesen, die sie für die in derselben ausgefertigten Urkunden, Privilegien, Lehnbriefe u. s. w. erhielten. Diese wurden mit Gold aufgewogen und so zahlte denn auch der Erfurter Stadtrath für die Ausfertigung dieser wichtigen Urkunde an die Kaiserlichen Räthe und Kanzelisten die Summe von 2000 Gülden.

Es wird ferner erwähnt, dass bei dieser Gelegenheit die Juden an die Stadt nicht nur 2000 Gülden, sondern auch 3000 Gülden Schatzung geben. Wir müssen bedauern, dass dieser Nachricht nicht die Gründe beigefügt sind, weshalb diese grossen Summen erhoben wurden und wovon die Armen sie haben leisten können, nachdem sehr wahrscheinlich der grösste Theil ihres Vermögens confiscirt worden war.

*) Urkunde XI.
**) Zeitschrift für Thüring. Geschichte, Bd. IV., S. 326.

So willkürlich aber auch der Rath, was ihn selbst betraf, gegen die Juden verfuhr, so trat er doch — versteht sich in seinem eigenen Interesse — kräftig für sie in die Schranken, wenn es einen Angriff abzuwehren galt, der von aussen auf sie unternommen wurde, das ersehen wir aus Folgendem: Der Schwester des Grafen Berthold von Henneberg sollen die Erfurter Juden verpfändete Kleinodien zurückgehalten haben. Die Reclamationen des Grafen bei dem Rathe müssen fruchtlos gewesen sein, denn er wird beim Kaiserlichen Hofgerichte wegen dieser Sache klagbar. Dieses weist ihn jedoch in einem Bescheide, datirt Prag am Sonnabend Reminiscere 1392 an den Rath zu Erfurt und dessen Gericht zurück. Da nun der Verklagte zugleich zum Richter erhoben worden war, so ist der Ausfall der Sache leicht denkbar. *) Im Jahre 1400 beträgt das Gesammteinkommen des Rathes von den Juden 240 Talente. **) 1406 beträgt die directe Steuer der Juden an den Rath 150 Mark löthigen Silbers. Zugleich wird verordnet, dass fremde Juden in der gemeinen Herberge wohnen und von dem Judenmeister Heller und den ihm vorgesetzten Parnossen angewiesen werden sollten, in Erfurt kein Geld auf Zinsen zu leihen. Falls ihnen das jedoch nachgewiesen werden könnte, behält sich der Rath vor, ihnen nach Umständen das Geleite zu versagen. — Im Jahre 1413 verkauft der Erzbischof Johann von Mainz das Vitzdom-Amt zu Erfurt an Johann von Allenblumen auf Lebenszeit mit dem Einkommen von den Juden. Die Verschreibung und der darüber ausgestellte Revers lauten:

„Ich Johann von Allenblumen, Vitzthum zue Erffurth, bekenne und thue kund offenbahre mit diesem Brieffe, als der Ehrwürdige in Gott Vatter und Herre, Herr Johann des heyligen Stuels zue Maintze Ertz-Bischoff, mein lieber, gnediger Herr, mir mein Lebtage uf und nit lenger das Vitzthumb-Ambt zue Erffurth for 100 ledige Mark Silbers, Erffurths Wise, Gewichtes, Zeigens und Were, und dazu drisig lotige Mark Silbers, alle Jahr uf St. Martinstag in dem Winter gelegen, zuegeben, von solchen hundert Marken, als ihnen die von Erffurth Jerlich von seinen Juden daselbst pflegen zue geben mir und meinen Erben vor 300 Mark, und doch auf einen Wiederverkauffe und Ablosunge virkaufft, versetzt und ver-

---

*) Urkunde XII.

**) Falkenstein S. 284. Ein Talent zu 60 Groschen gerechnet, macht 600 Thaler. Manche rechnen nur halb so viel. Immerhin eine sehr erhebliche Summe, die der Rath von den Juden erhob.

schrieben hait, nach Lute des Brifs, der von Wort zu Wort hernach geschrieben steet und also lutet:

Wir Johann etc. *) bekennen und thuen kund offentlich auch mit diesem vnserem selben offen Brieffe vor vns, und alle unsere Nachkommen, das wir auch mit Wissen, Willen und Verhengnüsse der ersamen vnnser lieben andächtigen Eberhardts, dechants vund Capitels wegen dem obgeschrieben Johann von Allenblumen Vitzthumb vnsern lieben getrewen sinen Erben und weme er das gebiet oder bescheidet, an sine leben, oder an sine todtbethe, vnd diesen Brieff mit redlicher Kundschaft inne hait, auch recht und redlich mit vnsrem Vitzthumb Ambt verkaufft haben, vnd verkaufen mit diesem vnserem offenen Briffe drisig ledige Mark Silbers Erffurthes Zeichens, Wisse, Gewichtes vnd Were, Jerlicher Zinse, an vnser Jarenthe, die wir Jürlich vf S. Martinstag, des heiligen Bischoffs vnnseres Patronen ahn vnser Statt Erffurth von vnser Juden wegen daselbs haben vor 300 Marck letigen Silbers desselben Zeichens, Wisse, Gewichtes und Were, die vns derselbe Johannes von Allenblumen Vitzthumb auch nützlich vnndt wohl bezahlt hat vnd wir die in vnsere offenbahren Nutzen vnnd Frommen gewant haben etc. **)

Im Jahre 1414 verpflichten sich die Juden dem Rathe gegenüber auf drei hintereinander folgende Jahre alljährlich 100 Mark feinen Silbers und 100 gute Rheinische Gülden zu bezahlen. Sollten innerhalb dieser drei Jahre fremde Juden in Erfurt einziehen, so sollten sie gehalten sein, die Lasten mit zu tragen. Es solle jedoch kein Jude in die Gemeinde aufgenommen werden, der nicht zuvor Bürger geworden wäre und sein Bürgerrecht mit wenigstens 10 Schock erkauft hätte. Als sonderbare Gnade wird ihnen vom Rathe erlaubt, dass sie sich zwei Sänger, zwei bis drei Fleischhauer [carnifices], ***) einen Schulklopfer, einen Mann und eine Frau zum kalten Bade, einen Mann zu ihrem Kirchhofe und endlich

---

*) Wir geben nur den Passus, der sich auf die Juden bezieht, weil das Andere der Urkunde kein Interesse für uns hat.

**) Falkenst. 292 ff. Die Urkunde scheint hier, der Schreibweise nach, nicht ganz correct zu sein. Wir geben sie aber, in Ermangelung einer bessern Abschrift, des Inhaltes wegen.

***) Schon 1357 stehen in dem Liber Judeorum, d. h. „Verzeichniss der von den Juden an den Rath gezahlten Zinsen", unter den Juden und Jüdinnen drei Fleischer (carnifices) aufgeführt. Das Buch ist in Magdeburg im Provinzial-Archiv.

fünf Almoseniere halten könnten, welche Letzteren die Almosen empfangen sollten. *)

Zwei Jahre darauf wurden die Erfurter Juden von dem Römischen König Sigismund gebrandschatzt, denn sie müssen ihm als dritten Theil ihres Vermögens 6000 Rheinische Gulden hergeben, welche Summe Niclas Bunzlav, Bürger zu Breslau, für den König empfängt und dem Oberschreiber des Erfurter Rathes, Johann von Apolda, am 14. October desselben Jahres quittirt. In der Urkunde, welche sich im Provinzial-Archiv zu Magdeburg befindet, wird diese Erpressung mit „ausserordentliche Kriegssteuer" bezeichnet.

Am 27. August des darauf folgenden Jahres (1417) ertheilt derselbe Sigismund den Erfurter Juden einen Schutzbrief auf zehn hintereinander folgende Jahre, in welchem es unter Anderem heisst: „Dass sie bei aller Freiheit und Ehrbarkeit, als sie vor gewest sind, fürder diese Zeit aus unbeschwert bleiben sollen. Und wir, noch Jemand von unserer wegen, weder Christen noch Juden, sollen noch wollen binnen dieser obgenannten Zeit an der vorgenannten Gemeinschaft der Juden, noch an ihrer keinen besonders, keines fordern noch fordern lassen, sondern sie, ihr Leib und Gut und ihr Jegliches besonders sollen die obgenannte Zeit aus sicher und frei sein von aller Beschwerung und Leidung, wie man sie erdenken möchte. Wir wollen auch noch sollen, in Zeit dieser Gnade keine Briefe, Gebote noch Verhängniss über sie gelten lassen, die sie an Leib oder Gut, an ihren Briefen oder Pfändern beschädigen möchten. Wäre es auch, dass den obengenannten Juden, sämmtlich oder besonders, binnen dieser vorgeschriebenen Zeit Jemand etwas (icht) zu sprechen hätte, oder zu sprechen gewonnen, der soll das thun vor dem Rathe zu Erfurt, und nirgend (nyndert) anders, und dann sollen sie wegen (vmb) solcher Zusprache davon kommen mit einem Ja oder Nein. Wollte sie aber Jemand überzeugen, um was Sache das wäre, so soll er sie anders nicht überzeugen, denn mit frommen Christen oder Juden, daselbst in der Stadt zu Erfurt gesessen und nicht mit Christen allein, noch mit Juden allein . . . ."

Die Urkunde führt dann fort:

„dass alle vom König ertheilten oder noch zu ertheilenden Briefe, welche diesem Schutzbriefe entgegen sein sollten, null

---

*) Siehe die Millwitzschen Aufzeichnungen im Stadtarchiv und die Urkunden im Provinzial-Archiv zu Magdeburg.

und nichtig seien, und dass alle Reichseingesessenen gehalten
sein sollten, diesen Schutzbrief zu achten, bei Vermeidung seiner und des Reiches Ungnade, doch sollte die „Jüdischheit"
gehalten sein (und das ist wohl die Hauptsache), ihm, wie alle
andern Juden des Reiches, alljährlich den goldenen Opferpfennig zu entrichten. Diese Urkunde ist gegeben zu Losswitz
und trägt die Unterschrift: „ad mandatum regis Johann Kriechen."
Nach Ablauf dieser zehn Jahre wird der gedachte Schutzbrief
auf anderweite sechs Jahre prolongirt und ist die Abfassung dieser
Erneuerung wörtlich so, wie die des Schutzbriefes von 1417.
Gegeben ist diese Urkunde zu Griechisch Weissenburg, den 30. September. *) Sie scheint indess von Seiten der benachbarten Fürsten
wenig Beachtung gefunden zu haben und die Juden hatten sich
mit einer Beschwerde an den Kaiser gewandt, dieser erlässt dann
auch 1429 (Pressburg, den 17. Mai, Dienstag nach Pfingsten) an
den Erfurter Rath die ernstliche Weisung, die daselbst gesessene
Jüdischeit gegen alle Angriffe der benachbarten Fürsten und anderer Leute zu schützen und zu schirmen mit Bezug auf den ihr
verliehenen Schutzbrief. Ein Mandat gleichen Inhalts erlässt er
an das Reich am 20. März desselben Jahres. **) — Im Jahre
1428 wurden nach kürzlich vom Herrn Archivrath Beyer aufgefundenen Urkunden den Juden schuldig:

1) Der Bürger Andreas Müller Mosen von Arnstadt und seiner
Wirthin Frummet 6 Rheinische Goldgulden und 6 neue Groschen und soll von je 2 Rheinischen Gulden wöchentlich einen
alten Meissener Groschen zu Gesuche geben.

2) Berthold v. Hausen und fünf andere vom Adel bekennen zu
gesammter Hand: Heimann Gause und seiner Wirthin Lage
19 Mark löthigen Silbers, einen Rheinischen Gulden und 40
alte Meissener Groschen schuldig zu sein und versprechen von
jeder Mark wöchentlich einen neuen „schildigten" Groschen
zu Gesuche zu geben. Wenn die Schuld gekündigt wird,
wollen sie das geliehene Geld, die verfallenen Gesuche und
alle erlittenen Schäden bezahlen und zwar in Erfurt mit gutem
Gelde. Der Mahnung soll sich Keiner mit dem Andern ent-
schuldigen, mit Worten oder Werken, oder die Gläubiger
mögen sie und ihre Habe darum in Kummer ***) legen, mit

---

*) Siehe Urkunde XIII.
**) Urkunde im Provinzial-Archiv zu Magdeburg.
***) Arrest.

Gericht oder ohne Gericht und mit den abgenommenen Pfändern verfahren, als wären ihnen diese gerichtlich zugesprochen.
Dagegen soll den Schuldnern keine Gnade, Freiheit oder Geleite helfen, auch wollen sie den Juden ihre Mahnung, diese
sei schriftlich oder mündlich, böse oder gut, mit geistlichen
oder weltlichen Gerichten erfolgt, nicht verdenken. So lange
der Brief in der Hand des Gläubigers ist, soll Niemand be-
haupten, er wäre bezahlt oder sonstige Ausflüchte gebrauchen."
Die Abfassung dieser Urkunde ist zu charakteristisch, als dass wir
sie ganz mit Stillschweigen übergehen können.*)

Zehntes Kapitel.
Innere Verhältnisse und Gelehrte.

Verlassen wir nun auf eine kurze Zeit den politischen Theil
unserer Geschichte, um unsere Aufmerksamkeit dem innern Fa-
milien- und Gemeindeleben in seiner Gesammtheit zuzuwenden.
Die Gemeinde stand damals, wie wir vernommen, unter fünf Parnossen (פרנסים). Früher waren ihrer nur vier. Da jedoch bei
Differenzpunkten eine Stimmengleichheit leicht möglich war und die
Entscheidung der Streitsache dadurch erschwert, wo nicht gar unmöglich gemacht wurde, so hatte der Rath im Jahre 1366 erlaubt,
den fünften Vorsteher zu wählen. Hierdurch war in streitigen
Fällen die Majorität drei zu zwei hergestellt. Die Vorsteher hatten
die Verwaltung der Gemeindegüter und Institutionen, sowie die
Gemeindebeamten, unter denen der „Meister" („magister") den
ersten Rang einnahm, ihnen subordinirt waren. Auch waren sie
das Organ, durch welches die Juden mit dem Rathe und wiederum
der Rath mit den Juden verkehrte. Der Rath liess alle Verfügun-
gen an sie ergehen, und diese übertrugen deren Ausführung dem
Meister.**) Sie waren für die pünktliche Ablieferung der Steuer
verantwortlich, sowie jede Unpünktlichkeit oder Lässigkeit, die sie
sich zu Schulden kommen liessen, mit schweren Ordnungsstrafen
und nicht selten mit Gefängniss bestraft wurden. Als Zwangsmittel
gegen Renitenten in der Gemeinde dienten der Bann des Meisters

---

*) Eine andere ähnliche Urkunde geben wir als Urkunde XIV.
**) In dem Provinzial-Archiv zu Magdeburg findet sich folgende Notiz:
die Juden zahlen: für den magister cum scolaribus stets 12 Talente
das Jahr. — Bei ausserordentlichem Vermögen des magister trat,
wie wir bei Elias gesehen, eine Steuererhöhung ein.

und jede Unterstützung des weltlichen Armes. Da dieser Meister auch die Rechtspflege und peinliche Gerichtsbarkeit über alle Juden hatte, so war die Präponderanz der Vorsteher über denselben nicht von allzugrosser praktischer Bedeutung. — Erfurt, dem Handel günstig gelegen, hatte schon früh viele Juden hergezogen und es hatte sich bald in der Gemeinde das Bedürfniss nach Erweiterung des Gotteshauses herausgestellt. Als aber auch das nicht genügte, wurden zwei Gotteshäuser errichtet. Wir haben ausser der ganz alten Synagoge, die dem Rathhaus gegenüber stand, die Synagoge von 1357 genannt und ausserdem finden wir noch auf alten Stadtplänen eine Synagoge in der Nähe des Moritzthores, des Gottesackers, deren Ursprung ganz dunkel ist. Der Gottesdienst in den Synagogen war Minhag Sachsen,*) in dessen Bereiche Magdeburg und Erfurt die bedeutendsten Gemeinden waren. Nachdem zwei Synagogen hergestellt waren, mussten wohl auch mehrere Sänger und Geistliche angestellt werden. Wenigstens ist in den Nachrichten von der Blüthezeit der Gemeinde von einem Rabbinats-Collegium die Rede, dessen Vorsitzender den Titel Vater des Gerichtes (אב ב״ד) öfter führt. Unter den Erfurter Rabbinern waren Männer, die sowohl durch Gelehrsamkeit, als auch durch Frömmigkeit und Tugend glänzten. Vielleicht hat die Familie Kalonymos, deren wir oben gedacht, in dem Rabbinats-Collegium Sitz und Stimme, wo nicht gar oft den Vorsitz gehabt. Wenn unsere Annahme in Note II. richtig, so haben ausser dem oben gedachten Wadarasch in der zweiten Hälfte des 13ten Jahrhunderts Rabbi Samuel ben Menachem Halevi und Rabbi Simcha ben Gerschom in Erfurt gewirkt. Güdemann bezeichnet auch Alexander Süsskind, den Verfasser des Aguda, als einen Erfurter und das scheint kein Anderer gewesen zu sein, als der im Judensturm ermordete Alexander Süsskind, auch Cohen genannt. Das Deutzer Memorbuch nennt unter den Erfurter Märtyrern einen Süsskind Hakohen,**) womit derselbe gemeint zu sein scheint. Die Beweise für unsere Vermuthung bringen wir im Nachtrage. Dass Elasar aus Worms, Verfasser des Rokeach (רוקח), in Erfurt gelebt und wahrscheinlich als Rabbiner eine Zeit lang gewirkt, haben wir schon oben erwähnt. Ausser dem bereits erwähnten Judenmeister Elias wird, wie wir ebenfalls gehört, eines Judenmeisters mit Namen

---

*) Ritus, wie er in Sachsen gebräuchlich war.
**) Freundliche Mittheilung des Herrn Raphael Kirchheim in Frankfurt, nach hinterlassenen Notizen von Fould.

Heller gedacht. Endlich gab es einen Meister Machir in Erfurt, dessen Sohn David 1398 in Frankfurt lebte. Der im Jahre 1275 hier verstorbene Baruch Sohn Samuel (הבחור ברוך בר שמואל) (siehe Anhang) ist vielleicht ein Enkel des gleichnamigen berühmten und 1221 in Mainz verstorbenen Baruch ben Samuel. Im 14ten Jahrhundert war hier in Erfurt Rabbi Jizchak der Levite ('ר יצחק הלוי) welcher der Lehrer des Meharsach (מהרזך) war.*) Im 15ten Jahrhundert waren hier Anselm der Priester ('ר אנשיל כהן), sowie der Mharrah (מהרה) Rabbiner. Letzterer ist kein Anderer, als der berühmte Hillel (מהרר הילר), der in Gutachten häufig genannt wird.**) Fidel aus Erfurt hat dem Selicha - Erklärer in Cod. Mich. 656 Einiges mitgetheilt. (Zunz, Synagog.-Poesie II. 201.) Die genannten Namen, welche gewiss den besten Klang in der jüdischen Wissenschaft haben, sind vielleicht die wenigsten uns bekannten Gelehrten, die in Erfurt gelebt und gewirkt haben; aber immerhin beweisen diese schon, welche Bedeutung Erfurt in intellectueller Hinsicht gehabt hat. Die Rabbinerschule in Erfurt konnte daher gewiss zu jeder Zeit ihren Schwesterschulen in Nürnberg, Regensburg, Prag etc. an die Seite gesetzt werden. Ja wir glauben wohl nicht zu irren, wenn wir annehmen, dass mancher Geistliche, Magister und Professor an der Erfurter Universität sein hebräisches Wissen den Lehrern der jüdischen Hochschule verdankte.***) — Was das Familienleben betrifft, so war es musterhaft, fast patriarchalisch. Der Vater, das Haupt der Familie, wurde von dieser auf das Innigste geliebt. In der Familie fand er so zu sagen sich selbst wieder, hier konnte er spotten der Verspottung, sich erheben über alle Erniedrigung, hier endlich wurde er durch reiche Liebe der Seinen entschädigt für alle Kränkungen und Bitterkeiten, welche er draussen im Leben in so reichem Maasse erfuhr. — Und wie die Familie im Kleinen, also auch die Familie im Grossen, die Gemeinde. Grosse, gemeinsame Leiden hatten schon früh die Unglücklichen zur innigen Eintracht verbunden, denn sie hatten gar früh erkannt, wie getheilter Schmerz nur — halber Schmerz

---

*) Siehe Note VII.
**) Freundliche Mittheilung des Herrn Dr. Wiener (Hannover), dem wir überhaupt für einen grossen Theil der Notizen über diesen Abschnitt zu grösstem Danke verpflichtet sind.
***) Die Erfurter Universität wurde im Jahre 1378 gegründet, und dem Rathe, auf sein Ansuchen, 1396 den 5. Juli vom Papste Bonifacius IX. eine förmliche Confirmationsbulle über deren Privilegien verliehen.

sei. Man erleichterte sich gegenseitig den schwerbelasteten Sinn
und trug gemeinschaftlich das Leid. Daher kam es, dass der
Schmerz des einen Gliedes der Gemeinde in dem ganzen Ge-
meindekörper schmerzlich vibrirte. War jedoch ein unlauteres
Element vorhanden, das die Ruhe und den Frieden der Gemeinde
störte, so wurde es mit Sanftmuth und, wenn es sein musste, mit
Gewalt zur Ruhe verwiesen. — Den meisten Trost fanden aber
die Glücklich-Unglücklichen in der Religion. Nachdem ihnen die
Lieblosigkeit der Welt Alles genommen, was wir sublunarischen
Wesen ein Glück nennen, was blieb ihnen da weiter übrig, als in
höheren Sphären ein Etwas zu suchen, das ihnen keine Macht der
Welt entreissen konnte. Und dieses Etwas konnten sie nur finden
in der Religion, welche ja schon längst den Grundsatz aufgestellt
hatte, dass auch in den Leiden, die uns Gott sendet, seine Liebe
sich offenbare, dass er aber auch den Balsam für die Wunde ge-
schaffen, ehe er noch die Wunde selbst geschlagen hat. So und
nur so war es möglich, aufrecht zu stehen mitten in Stürmen und
Gefahren, und in finstern Leidensnächten die Freudigkeit des Gemüthes sich zu bewahren. Und diese Freudigkeit des Gemüthes
hielt auch den Sinn für das Höhere in ihnen wach. Viele Jünglinge und selbst verheirathete Männer begaben sich auf die Hoch-
schulen, um zu den Füssen berühmter Lehrer zu sitzen und dort
ihren Wissensdurst zu stillen. Auch Erfurt hatte, wie wir gesehen,
seine berühmten Lehrer und darum Zufluss von Jünglingen, die
hier Lehre und Erkenntniss suchten. Von dem berühmten Hillel
heisst es: (והרבץ תורה בישראל ורבים צריכים לו) er breitete
die Torah in Israel aus und Viele bedürfen seiner. Noch berühmter
und für das jüdische Wissen bedeutungsvoller war wohl Jacob
Weil, welcher gleichzeitig mit Selmelin hier wirkte. Beide Männer
tauchen wie ein Stern in dunkler Nacht auf. Wie uns ihr Geburts-
jahr und Geburtsort ganz unbekannt, eben so unbekannt ist uns
das Jahr ihres Todes. Was Weil betrifft, so ist nur aus dem Rechtsgutachten seines Schülers Israel Isserlein Nr. 24 zu ersehen, dass
Weil in der Rheingegend geboren und herangewachsen ist. Er
war verheirathet und hatte einen Sohn Namens Jausel, der mit
dem gedachten Israel verschwägert war. Der Sohn des Nathanael
Weil, welcher Ober-Rabbiner in Karlsruhe war, weist in einer
Vorrede zu den Rechtsgutachten seines Vaters, welche er 1795 in
Fürth herausgab, seine directe Abstammung von Weil nach,*) Jacob

---

*) Note VIII.

Weil blühte 1424 und starb etwa 1456. Von seinem Lehrer Jacob
Mölln autorisirt, rabbinische Functionen in Nürnberg auszuüben,
enthielt er sich derselben aus Bescheidenheit, um nicht einem längst
Eingesessenen, Salomon Cohen, zu nahe zu treten.*) Als Jacob
Weil später Rabbiner von Erfurt wurde, erkannten ihn nahe und
ferne Gegenden als Autorität an und unterwarfen sich seinen Ent-
scheidungen, denn er verband mit der gründlichen Kenntniss des
Talmud und der ganzen rabbinischen Literatur eine besondere Tiefe;
Breslau, Schweidnitz, Wien, Prag, Regensburg, Nürnberg und viele
andere Gemeinden riefen seine Entscheidung an. Weil hat ausser
seinen gutachtlichen Bescheiden kein schriftstellerisches Werk von
Belang hinterlassen, aber diese beurkunden hinlänglich ebenso sehr
seine Klarheit, wie seinen edlen Sinn. Die geistliche Würde halte
keinen Werth in seinen Augen, wenn man sich dadurch höher als
die Laienwelt zu dünken wähnte.**) Prozesse zu entscheiden über-
nahm Weil nicht gerne und rieth den Parteien, sich lieber einem
Schiedsgerichte von Sachverständigen anzuvertrauen. So ungern
er aber auch den competenten Richter spielte, wo es galt das
Recht zu wahren, verfuhr er, der Sanftmüthige und Milde, mit einer
Thatkraft, die kein Ansehen der Person kannte. Das bewies er
einmal deutlich gegen seine eigenen Verwandten.

---

*) Zum grossen Theile nach Gräz, Geschichte d. Juden, Bd. 8, S. 218 ff.,
was von hier an über Weil gesagt wird.

**) Weil klagt: והמבשלה יוצא מתחת יד חופשי התורה דאיינו עצמם מקצת
רבנים שזכו לשם הם מתחשבים עצמם כתלמיד חכם והעלו על רוחם שיש
להם דין דן ח״ח וכצי למימטר דינא לנפשיה ואינו צדיך ליֵרד לדין עם בעל
הבית המתרים כנגרו ורוצים לקנום אותם ליט' זהב ובאים בעקיפים ומתפשים
תואנה ועלילות להתגילל ולהתנפל על בעלי כיסם לצודם במכמרותם
והתפשיט עורם מעל בשדם ונמצא שם שמים מתחלל באומרים הדומן עם
וכי זו תודה הו שכרה' וג'

(Dies verderbliche Gebahren geht von den Handhabern des Gesetzes
selbst aus, indem ein Theil der Rabbiner zu einem Namen gelangt,
sich selbst für hochgelehrt hält und in dünkelhafter Einbildung sich
herausnimmt, willkürlich und eigenmächtig Rechtsurtheile zu fällen,
ohne auf den Grund der Sache einzugehen. Wo es auf eine erhebliche Geldstrafe abgesehen, kommen sie mit Hinterlist und verfäng-
lichen Worten, um den Geldbesitzenden in ihrem Netz zu fangen.
Wie wird der Name Gottes entweiht, wenn das gemeine Volk aus-
ruft: Ist das ein Lohn für Träger der Thora? (R.-G.-A. 163.)

Einem ebenso reichen und talmudkundigen Manne, Abram Esra,
der bei einem Bischof (von Magdeburg oder Merseburg) viel galt,
wurden von einem ungenannten Herzog Frau und Enkelin entrissen
und in den Kerker geworfen, wahrscheinlich, um von ihm viel Geld
zu erpressen. Die Befürchtung lag nahe, dass das junge Mädchen
zur Taufe gebracht werden könnte.*) Aller Einfluss des Abram
Esra auf den Bischof vermochte nicht die Freiheit der Eingeker-
kerten zu erlangen. Da nahm sich ein gewisser David Zebner der
Unglücklichen an und setzte ihre Befreiung aus ʿfünfmonatlicher
Kerkerhaft für eine bedeutende Summe Geldes durch. Statt dem
Helfer in der Noth zu danken, verweigerte der Gatte und Gross-
vater demselben die Erstattung der Auslagen, unter dem Vorwande,
seine Frau und Enkelin wären auch ohne dessen Bemühung durch
den Bischof in Freiheit gesetzt worden. Der Mann war nicht nur
ein Geizhals, sondern auch ein verworfener Mensch überhaupt, der
Reichthum mit Unrecht erworben hatte und der Allen gefährlich
war, die ihm hinderlich waren. Der Rabbiner seiner Gegend, Rabbi
Schalom, wagte es nicht, ihn vorzuladen, damit er David Zehner
entschädige. Da machte ihm Jacob Weil, obgleich mit ihm verschwägert, den Prozess und zeigte ihm die Nichtigkeit seines Ein-
wandes. „Du sagst", schreibt er ihm, „der Bischof habe dir die
Versicherung gegeben, die Sache zu Ende zu bringen, nur sollte
man sich nicht übereilen,**) bis der Herzog besänftigt und milde-
rer Stimmung sein würde. Wenn das Wahrheit ist, warum ist
ihm das in fünf Monaten nicht gelungen? — Also würde ihm das
nie gelungen sein, am allerwenigsten jetzt, wo der Bischof seinen
Einfluss verloren. Auch dein Einwand", fährt er fort, „dass du
selbst die Befreiung erwirkt hättest, ist nichtig; denn du selbst
hast dem Manne gegenüber, den David Zehner an dich gesandt,
deine Rathlosigkeit bekannt, nachdem der Bischof zu dir gesagt:
„Je mehr ich mich in die Sache mische, desto schlimmer wird

------

*) שמא היו מהפכים חיתומה לרהם.
(Vielleicht hätten sie die Waise zum Religionswechsel gebracht.)

**) וההגמון הבטחני להביא הדבר לגמר רק אין למהר עד שיתפתה
הדוכוס שימצאנו עת רצון כו'׳ל.

(Der Bischof gab mir die Versicherung, dass er die Sache zum Ab-
schluss bringen wolle, nur solle man nicht eilen, bis der Herzog besänftigt sein wird.)

sie."*) — Er bedrohte ihn nun mit dem schwersten Banne, wenn er nicht die ausgelegte Summe binnen Kurzem zurückerstatten sollte.**) — Ebenso streng war Weil gegen die Bettel-Rabbiner, eine Art jüdischer Bettelmönche, wie schon Grätz richtig bemerkt, die sich für Rabbiner ausgaben, auf ihrem Wanderleben geistliche Functionen ausübten, Ehen einsegneten und Ehescheidungen vornahmen. Von dem geraden Sinne Weil's zeugt auch folgender Umstand. Eine Gemeinde frägt bei ihm an, ob dem Vorbeter sein Gehalt pränumerando zu zahlen sei? Er antwortet, dass er den Usus zwar nicht kenne, dass ihm aber der Verstand sage, dass der Vorbeter am Anfang des Halbjahres seinen Gehalt voraus haben müsse, weil er zu seiner und der Familie Verpflegung Einkäufe machen müsse***). — Sehr zu bedauern ist, dass Jacob Weil nicht seinen Rechtsgutachten Jahr und Datum beigefügt. So giebt er uns z. B. die interessante Notiz, dass die Erfurter Juden am Sabbath Nasso im Banne der Geistlichkeit sich befunden hätten, so dass kein Gottesdienst gehalten werden durfte. Trotz aller Mühe, die wir uns gaben, ist es uns nicht gelungen, etwas Näheres über diese Angabe zu ermitteln. — In den Rechtsgutachten von Weil sind auch am Schluss mehrere von ihm gehaltene Reden abgedruckt, die sowohl von ungeheuchelter Frömmigkeit und Tugend, als auch von wahrer Menschenliebe zeugen. Nur einmal zeigt er sich rigorös, und zwar in einer Antwort an מהרש מהאל, wo er es für erlaubt hält, Jemandem, der in Braunschweig den Sabbath und Jom Kippur entweihet hätte, die Augen auszustechen†). Allein unser Urtheil über ihn wird auch hier milde ausfallen, wenn wir bedenken, dass er ein Kind seiner Zeit war. — Was Selmelin, den Zeitgenossen und Collegen Weil's betrifft, so scheint er der eigentliche Rabbiner gewesen zu sein, während Weil sich Rabbiner der Chewra

---

*) „Je me ich mich drein mer, je ärger es wird".

**) ואח"ז תעברו ולא תקיימו יחול על ראשכם נדוי וחרם ושמתא ותהיו מובדלים מכל דבר שבקדושה ומכל ערת הגולה ורבצה בכם כל האלה הכתובה בספר התורה וכל ישראל יהיו נקיים
(Wenn ihr aber meine Anordnung übertretet, sollt ihr dem schwersten Banne anheimfallen und von der Gemeinde der Heiligen ausgeschlossen sein. Es hafte dann an euch der im Gesetze bezeichnete Fluch. Ganz Israel aber wird frei sein.) R.-G.-A. 103.

***) R.-G.-A. 149.

†) „Gesetze und Gebräuche" 58. דינין והלכות נ'ח.

der Jünglinge nennt, aber er scheint bescheiden vor des Collegen grösserem Wissen zurückgetreten zu sein. Auch er war ein Schüler des Jacob Mülln und wird in den (מנהגי מהריל) „Gebräuche von Maharil" öfter genannt, aus welchen Stellen wir zugleich ersehen, dass er dem Redacteur der gedachten Minhagim mancherlei Mittheilungen in Betreff des Maharil machte. Näheres über Selmelin wissen wir nicht.

Elftes Kapitel.

Der Rath verkauft mehre Häuser an die Juden. Kellin von Ulm. Urfehde. König Albrecht II. schützt die Juden. Kaiser Friedrich III. erhebt den sogenannten goldenen Pfennig von den Juden. Vertreibung derselben aus Erfurt.

Nehmen wir nun nach dieser Unterbrechung den politischen Theil unserer Arbeit wieder auf. Im Jahre 1433 verkauft der Rath nach einer vor Kurzem aufgefundenen Original-Urkunde ein Haus, bei der Judenschule gelegen, an Nathan Bern von Worms Sohn, jetzt und auf Datum dieses Briefes sechs Jahr alt und Genten Ziporen seiner Hausfrauen Tochter auf Datum dieses Briefes neun Jahr und quittirt auf Bezahlung. Zugleich verordnet er, dass Niemand den genannten zweien Juden das Fensterlicht verbauen soll. Dagegen sollten diese dem Rathe jährlich 2 Pfund Erfurter Pfennige entrichten.*) — Drei Jahre darauf (1436) schwören Kellin von Ulmen, Fydel von Mölhusen sin eydam, Hanne sine eliche wertinn der genannten Kellin Tochter, aus unbekannten Gründen dem Rathe Urfehde. Die Urkunde trägt ausser dem deutschen auch das jüdische Datum und ist mit jüdisch-deutscher Schrift von Kellins eigener Hand wie folgt unterzeichnet:

„Ich Kellin von Ullim, Jude, obgenannt Rede und gelobe all geschriebin Rede und Stück und Artikel dieses Briefes und dieser Ufriede stat und ganz zu halten ohne Argelist und habe dies zu merer Sicherheit dieser Schrift mit mein selbige Hand hieran geschriebin **).

Am 8. October desselben Jahres verpfändet Kaiser Sigismund dem Ritter Matthes Schlick, Burggrafen zu Eger, für 1000 Rheinische Gulden, welche er demselben für seine Dienste bei dem Ritter-

---

*) Urkunde XV.
**) Urkunde XVI.

schlag in Rom zugesagt, die Jüdischheit zu Erfurt und deren jährlich zu Weihnachten zu entrichtende Abgabe, bis zur wirklichen
Ablösung derselben durch 1000 Rhein. Gülden und mit dem Rechte,
diese Steuer für die genannte Summe weiter zu verpfänden. Zu-
gleich hebt der Kaiser alle andern auf diese Steuer bezüglichen
Documente auf und will nur die von Matthes Schlick ausgestellten
Quittungen als gültig anerkennen. — Zwei Jahre darauf (1438)
erneuert der römische König Albrecht und bestätigt dem Ritter
Schlick den vorstehenden Pfandbrief. Diese Urkunde trägt das
Datum Breslau, am St. Clemenstage.

Im Jahre 1439 schreibt König Albrecht II. an den Grafen
Heinrich von Schwarzburg, Herrn von Arnstadt und Sondershausen,
dass der Rath und die Bürgerschaft zu Erfurt durch ihre Gesandten
bei dem König Klage geführt haben, wie Reinhard von Talwig sie
sämmtlich, sowie einige Juden zu Erfurt, unbillig vor die heim-
lichen Gerichte, Freistühle, besonders vor den Freistuhle zu Freien-
Hain und Mangold, Freigrafen daselbst, fordern liess und insbesondere die Erfurter beschuldigt habe, dass sie die Juden, sein
und des Reiches Kammerknechte, nicht auf des Freigrafen Gebot
ausgetrieben haben, worauf dann der Freigraf gegen König Sigis-
munds Befehl über und wider sie Gericht gehalten und einige Bürger,
nämlich Siegfried Ziegler den älteren, und Bernhard von Calmera,
Rathsmann daselbst und Heinrich von Wintzingerode, Hauptmann
von Erfurt, wegen derselben Sache vor den Freistuhl geladen und
dadurch der Gerichtsbarkeit des Kurfürsten von Mainz Eintrag gethan. Da aber der König durch andere wichtige Anliegen des
Reiches und seiner Königreiche verhindert ist, diese Sache zu untersuchen, so trägt er dem Grafen von Schwarzburg auf, an seiner
Statt als Commissarius die Untersuchung zu führen und die Entscheidung zu treffen. Auch fordert der König Reinhard von Talwig und Mangold, Freigrafen zu Freienheim, auf, die Einwohner von
Erfurt, Christen oder Juden, nicht weiter zu belästigen, bei Vermeidung schwerer Pön. Zugleich wird ihnen angezeigt, dass der
Graf von Schwarzburg beauftragt sei, bei Wiederholung der Klage
die Sache an des Kaisers Statt zu führen und zur Entscheidung zu
bringen.*)

Im Jahre 1442 am Martinsfest hatten die Juden 6000 Gulden

---

*) Die Urkunden theils im Provinzial-Archiv zu Magdeburg, theils in
der Abschriftensammlung von Karl Herrmann.

wieder als dritten Pfennig an den Kaiser Friedrich III. als übliches Krönungsgeschenk bezahlt. Aber nach der Königskrönung desselben Friedrich folgte nach 11 Jahren die Kaiserkrönung, für die er 1453 wiederum sein Geld haben wollte. Er bittet daher den Rath, die thüringischen Juden, jedoch im Geheimen, zu taxiren *). Der Ausgang der Sache ist nicht bekannt. — Im Jahre 1454 kam der bekannte Franziskanermönch Johann von Capistrano auch nach Erfurt und hielt daselbst unter einem unermesslichen Zulauf von Volk seine Busspredigten. Wenngleich die Chronisten, welche die Wirkung derselben schildern, nicht erwähnen, dass er auch hier, wie anderswo, die Volksmassen gegen die Juden fanatisirte, so ist dieses doch nicht zu bezweifeln, wie aus späteren Anführungen erhellen wird, denn ihr Hülferuf dringt bis zu den Ohren des Kaisers. Dieser gebietet dem Erfurter Rathe, nachdem sie (die Erfurter) die Jüdischheit in Erfurt wider des Reiches und ihre Freiheit und Herkommen gröblich misshandelt, ihnen Nahrung und Wohnung genommen, sie aus der Stadt getrieben (theilweise), ihre Häuser und Freihöfe willkürlich verkümmert und verändert hat, binnen 6 Wochen und 3 Tagen Abtrag zu thun und Rechenschaft zu geben, bei 100 Mark Goldes Strafe. Die Urkunde ist datirt Neustadt den 20. December 1456.**) Diese Mahnung des Kaisers blieb ohne Erfolg; denn 1458 gelang es den Fanatikern, den entscheidenden Streich gegen die Juden zu führen. Man beantragte beim Kurfürsten Dietrich von Mainz die Vertreibung der Juden aus Erfurt und gab ihm zu verstehen, dass ihm durch diese Vertreibung kein Schaden entstehen sollte. Da willigte er darein und erhielt 450 Mark Silber und 4000 Gülden in Golde ausgezahlt. Der Bischof weist nun den Juden zwei in der Nähe Erfurts gelegene Dörfer als Wohnsitz an, von denen aus sie bequem in die Stadt kommen und Handel treiben könnten ***). Die Juden wurden nun beim kaiserlichen Kammergerichte klagbar und schon war der Rath in eine Strafe von einer bedeutenden Summe Geldes verurtheilt,

---

*) Urkunde im Provinzial-Archiv zu Magdeburg.
**) Urkunde daselbst.
***) Michelsen glaubt, indem er sich auf Falkenstein beruft, es wären Melchendorf und Daberstedt gewesen. Allein Falkenstein erwähnt keines Wortes davon. Wir glauben, diese beiden Orte waren Hochheim und Daberstedt. Von ersterem Orte ist Erfurt in 20 Minuten zu erreichen, ausserdem haben auch später in Hochheim und Daberstedt Juden gewohnt. S. Urkunde XVII.

als er zwei Deputirte nach Wien schickte; diese wandten noch
rechtzeitig für 1144 Schock 43 Groschen die Sache ab. Der Doctor
Hartung von Cappel, welcher Referent in der Sache war, spricht,
als er so viele Gold- und Silberbeweise sah, als Fiscal des Kaiserlichen Kammergerichts den Rath zu Erfurt von allen Folgen der
wegen der Jüdischheit gegen ihn erlassenen Prozesse frei. Die Erfurter gaben zu ihrer Vertheidigung an, durch die Predigten des Capistrano zu diesem Schritte veranlasst worden zu sein. Auf Grund
dessen legten einige Bischöfe und Markgraf Karl von Baden Fürbitte
für die Stadt in Rom beim Kaiser ein, nachdem das Kammergericht
über die Erfurter bereits das Schuldig ausgesprochen hatte. Ganz
besonders aber ist der oben gedachte Erfolg der Erfurter der Fürbitte des Erzbischofs von Mainz zuzuschreiben. Dieser Erzbischof
gab auch in demselben Jahre den Erfurtern das traurige Recht,
keine Juden mehr in Erfurt aufzunehmen.*) Hierauf richtete der
Rath der Juden Häuser, das Paradies und andere, die ihnen vermiethet gewesen, in's Geld, indem er sie an die Bürger verkaufte und mit Erbzinsen an die Kämmerei belegte. So hatte der
Rath seinen Willen durchgesetzt, aber dieses kam ihm, wie wir
gehört haben, theuer zu stehen. Ausser von dem Kaiser und dem
Erzbischof wurden auch von anderen Seiten her Ansprüche an
die Erfurter geltend gemacht. Kaiser Friedrich III. hatte nämlich
1467 Mittwoch vor Palmarum dem Niclas Pflug von Krautheim, Sächs.
Amtmann in Borne, die Judenschulen in Erfurt und Halle geschenkt,
indem dieser von des Kaisers Bruder Albrecht Sold zu fordern
hatte. Da indess die Erfurter sich geweigert hatten, sich mit Pflug
abzufinden, versuchte Kaiser Friedrich einen Vergleich zu Stande
zu bringen,**) zu welchem Ende der Amtmann Pflug zwei seiner
Freunde, die Ritter Caspar und Bernhard von Schönberg an das
Kaiserliche Hoflager deputirte.***) Ueber den Erfolg dieser Verhandlungen sind indess keine Nachrichten vorhanden. Sie müssen
gescheitert sein, denn erst 1487 Freitag vor Crucis Exaltat. kömmt
durch Vermittelung des Johannes Bischofs von Meissen und Brunos
Herrn zu Querfurt, ein Vergleich zu Stande. Vorher schon, im Jahre
1435 wurden den Schlicken, wegen einer aus dem Jahre 1436
herrührenden Forderung ihres Vaters, 1080 Gulden betragend, der

---

*) Urkunde Nr. XVIII.
**) Urkunde Nr. XIX.
***) Urkunde Nr. XX.

Juden wegen, die Summe von 1287 Schock bezahlt.*) Von jetzt
an verläuft sich der Fluss der Geschichte der Juden Erfurts im
Sande und die Nachrichten, die wir nun haben, betreffen nur das
Leibzollwesen der Juden.

Zwölftes Kapitel.

Leibzollwesen. **)

Der erste Versuch, den die Juden machten, sich wieder in
Erfurt anzusiedeln, fällt in das Jahr 1608. Er endet aber un-
glücklich, nachdem die sämmtlichen Handelsleute Erfurts energi-
sche Vorstellungen gegen die Ansässigmachung der Juden erhoben
hatten. Die Juden hätten, sagen sie in ihrer geharnischten Vorstellung, wo sie hingekommen, allen Handel an sich gebracht, den
christlichen Kaufleuten zu Schaden. Ihre Hauptmaxime bestände
darin, die Christen durch ihren Wucher, der ihnen nach Deutero-
nomium 21, 19 erlaubt ist, arm zu machen, sowie sie dadurch,
dass sie die Preise herabzudrücken genöthigt sind, schlechte
Waaren zuführen. Wenn der Stadt durch die Anwesenheit von
Juden Nutzen entstände, so wären sie nicht von hier vertrieben
worden, und dieselben Rücksichten, welche damals obwalteten,
walten noch heute ob. Mit Rücksicht darauf bäten sie, die Juden
mit ihrem Gesuche, sich hier niederlassen zu dürfen, abzuweisen.

Im Jahre 1691 beschwert sich der Kurfürstlich Mainzische Hof-
jude Levi Isaak, Bevollmächtigter und im Namen der gesammten
Judenschaft bei dem Kurfürsten, dass in Erfurt der Leibzoll der
Juden von 4 Ggr. auf einen Thaler erhöht worden wäre. Es stände
demnach zu befürchten, dass kein Jude mehr Erfurt passiren werde.
Seine Vorstellung findet gebührende Berücksichtigung. — Anno
1700 ersucht Friedrich, Herzog zu Sachsen, alle Behörden des In-
und Auslandes, Levin Lazarus, welchen er zum Factor bei der
Tabaksmanufactur ernannt, bei seinen aufgetragenen Verrichtungen
freien Durchzug zu gestatten und ihn von dem Leibzoll zu befreien. Die Erfurter nehmen jedoch keine Notiz davon, denn wir
finden in den Akten den Vermerk: „Brühler Thor den 10. May

---

*) Falkenstein l. c. S. 418.
**) Näheres über das Leibzollwesen im Allgemeinen Anzeiger der Deut-
schen ~~152~~, S. 2031—2095, sowie Literarische Blätter für
~~u. 1804. Nr. XIV. S. 222—224.~~

1701 ein Jude Levin Lazarus in Gotha, ein Passagier, ein Koffer umb $\frac{1}{4}$7 uhr abreist und nach abgelegtem Kurfürstlich Mainzischen Leibzoll passirt." Erfurt, den 11. May 1701. 1709, den 11. Juny verwendet sich der Fürst Anton Günther von Arnstadt für seinen Hofjuden Tobias Mayer, welcher in Erfurt wegen Defraudation des Leibzolls gefangen sass. Erst nach Erlegung des Geldes erhält der Gefangene seine Freiheit wieder. 1708 den 26. November bittet der Jude Nathan, sich in Erfurt einige Zeit aufhalten zu dürfen. In seiner Bittschrift sagt er Folgendes: „Ich bin ein Schutz-Jude, aus Bamberg gebürtig, aber nicht etwa ein solcher, der Waaren zu kaufen und zu verkaufen, und dadurch irgend etwa einem Lande oder Stadt Schaden zuzufügen sich unterfangen sollte; ich bin vielmehr ein Künstler, der mit allerhand Farben, insbesondere auf Seide so umzugehen weiss, dass ich mit geringer Mühe und sehr wenigen Kosten binnen einer halben Stunde ganze Kleider zu färben weiss, dass solche wiederum neue; auch noch mehrere dergleichen Wissenschaften, die wohl schwerlich in Deutschland noch niemals angetroffen worden sind, in der grössten Geschwindigkeit Jedermann zu lernen vermögend bin. Desgleichen Proben habe hier und da in vielen Städten, besonders hier in Arnstadt, gemacht und diese meine Geschicklichkeit auch Vielen gelernt". Supplicant frägt daher an, ob er sich nach Erfurt verfügen und daselbst diese seine gerühmten Künste und Wissenschaften bekannt machen dürfte, auch wie viel er für diese Erlaubniss wöchentlich zu zahlen habe? — Diese Erlaubniss wird ihm gegeben, unter der Bedingung, dass er 4 Gulden wöchentlich und den üblichen Ein- und Ausgangszoll entrichtet. — 1779 bitten die Herzoglich Gothaischen Hofjuden Gebrüder Israel, sie nach üblicher Weise von dem Leibzoll zu befreien. Da erhält die Kurfürstlich Mainzische Kammer in Erfurt unterm 27. August desselben Jahres den Befehl, sich über das Gesuch gutachtlich zu äussern. Diese giebt denn auch unterm 15. September folgendes Gutachten ab:

„betreffend Geleitsfreiheit der Sachsen-Gothaischen Hofjuden Gebrüder Israel, berichtet Camera Erford., da nach beiliegender Eröffnung Kurfürstlich da hiessiger Regierung, welche denen Sachsen-Weimarschen und Gothaischen Hofjuden ehedem die Leib-Gleits-Freiheit und zwar ohne alle Bedingnisse gestattet hatte, neuerlich dem Weimarschen Hofjuden diese nachgesuchte Freiheit höchsten Ortes gnädigst (!) abgeschlagen worden: so scie man des gehorsamsten Dafürhaltens, dass die

dermalen supplicirende Gothaische Hofjuden ebenfalls mit ihrem
Gesuch abzuweisen seyen, welches man zu Folge Hochpreiss-
lichen Hofkameral - Rescripts vom 27. August gehorsamst habe
berichten sollen". —

In Folge dieses Gutachtens werden Supplicanten am 6. October
desselben Jahres mit ihrem Gesuche zurückgewiesen. — Am 4.
November 1780 zeigt der betreffende Zollbeamte der Regierung zu
Erfurt an, dass der Hildburghäuser Hof-Factor Benjamin wegen
des einfallenden Schabbes hier hat liegen bleiben müssen. Es habe
daher derselbe gebeten: ihn an diesem Tage, an welchem er ja
keine Geschäfte treibe, vom Leibzoll zu befreien. Obgleich der
Beamte das Gesuch des Benjamin als gerechtfertigt befürwortet,
wird er dennoch zurückgewiesen. — Am 14. Juny 1783 beschwert
sich der Gastgeber im „Römischen Kaiser" im Namen der Juden
Sichel und Oppenheimer, dass sie in Berlstedt, einem Dorfe in der
Nähe Erfurts, hätten doppelten Zoll entrichten müssen und dass
daher sämmtliche Juden gezwungen wären, das Erfurtische Gebiet
zu meiden, wenn nicht Abhülfe geschähe. Da noch mehr dergleichen Beschwerden eingehen, so fordert die Regierung von Berlstedt Bericht. Unterm 26. Juny 1783 wird der Berlstädter Ober-
heymbürge angewiesen, von den daselbst durchreisenden Juden
keinen Zoll mehr zu erheben. Unterm 10. November 1789 bittet
der Hof-Factor Benjamin von Hildburghausen um die Erlaubniss,
sich von Zeit zu Zeit hier aufhalten und Fabrikwaaren und alte
Kleidungsstücke kaufen zu dürfen. Dafür offerirt er der Stadt
30 Thaler jährlich und in einem späteren Schreiben vom 17. November 40 Thaler jährlich. Er wird jedoch dahin beschieden, dass die
Regierung nur dann sein Gesuch berücksichtigen könne, wenn er
jährlich ein Aversional-Quantum von 60 Thaler bezahle. — Hiermit war eine Prinzipienfrage für die Juden entschieden und sie
durften sich wiederum längere Zeit, wenn auch für schweres Geld,
in Erfurt aufhalten. Benjamin war bereits der vierte Jude, dem
diese Begünstigung wiederfuhr und, nachdem dieses Prinzip einmal
zur Geltung gekommen, war bis zur gänzlichen Niederlassung der
Juden in Erfurt nur ein Schritt. Das erkannte die Bürgerschaft
Erfurts gar wohl und die hiesigen Handelsleute bestürmten Emi-
nentissimum mit einer Petition, das Unheil abzuwenden. Diesmal
vergebens *). — Wir sehen nun bald wieder einige Juden sich in

betreffenden höchst wichtigen Actenstücke hinten als Anhang III.

Erfurt häuslich niederlassen, und wenn auch noch im Jahre 1809 den Gebrüdern Tobias und Heinrich Moos das Bürgerrecht verweigert wird, so können sie doch ungestört hier wohnen und Handel treiben. Schon ein Jahr darauf 1810 erhält der erste Jude, Salomon Meyer, Vater des rühmlichst bekannten Professors und Mathematikers Ephraim Salomon Unger, das Bürgerrecht. Ihm folgten bald andere nach.

Dreizehntes Kapitel.
Neueste Geschichte.

Die Juden waren von jetzt ab im unbestrittenen Besitze ihres Bürgerrechts. Erst nach der Restauration von 1824 wurde dieses Recht wieder von gewisser Seite in Zweifel gezogen, der Streit endet aber zu Gunsten der Juden. Seit 1811 hat die Gemeinde ihren eigenen Gottesacker vor dem Brühlerthore, wie schon im Jahre 1806 ein kleines Lokal für gottesdienstliche Zwecke hergerichtet wurde. Die jetzige Synagoge, welche nicht weit von der Stelle erbaut worden ist, wo die im Jahre 1736 abgebrannte und abgetragene Synagoge gestanden hat, wurde am 10. Juni 1840 eingeweiht. Die jetzige Gemeinde zählt 53 Mitglieder oder etwa 300 Seelen. Ihr Synagogenbezirk umfasst vorläufig nur die Stadt Erfurt. Zur Verwaltung der Gemeinde-Angelegenheiten nach Inhalt des Gesetzes über die Verhältnisse der Juden vom 23. Juli 1847 ist der Gemeinde ein Vorstand vorgesetzt. Die Vertretung der Gemeinde geschieht durch eine Repräsentanten-Versammlung. Diese Versammlung besteht aus neun von der Gemeinde gewählten Mitgliedern; der Wahlakt wird von einem Regierungs-Commissar geleitet. Für den Fall eines Abganges oder einer wenigstens vier Wochen dauernden Abwesenheit einzelner Repräsentanten werden von drei zu drei Jahren drei Stellvertreter nach relativer Stimmenmehrheit gewählt. Die Repräsentanten wählen unter sich alljährlich einen Vorsitzenden und einen Protokollführer, sowie für jeden derselben einen Stellvertreter nach Stimmenmehrheit. Die von der Königlichen Regierung genehmigte Geschäfts-Ordnung ist massgebend für ihre Verhandlungen. — Der Gemeinde-Vorstand, welcher aus drei Mitgliedern besteht, wird von den Repräsentanten gewählt. Auch das Vorstands-Collegium hat zwei Stellvertreter, welche einrücken, falls ein oder zwei Mitglieder austreten oder eine wenigstens drei Wochen andauernde Abwesenheit des einen oder andern Mitgliedes

eintritt. Der Vorstand wird von der Regierung bestätigt und nachdem diese Bestätigung erfolgt, von mindestens sechs Mitgliedern
der Repräsentantenversammlung in sein Amt eingeführt. Dieser
Deputation geloben die neu eintretenden Vorsteher, nach Kräften
und treu und gewissenhaft das Wohl des Staates und der Syna-
gogengemeinde zu fördern. — Der Vorstand ernennt wieder Commissionen, zur Beförderung solcher Angelegenheiten, welche eine
anhaltende Aufsicht, oder eine stete Controlle, oder ein öfteres
Verhandeln mit einer grösseren Anzahl von Gemeinde-Mitgliedern
erfordert. Diese Commissionen sind ihm untergeordnet. Die be-
soldeten Gemeindebeamten sind: der Prediger, Cantor, Secretair
und Synagogendiener. An Vereinen sind hier: die Chewra, der
Frauenverein, die Armenkasse und der Groschenverein. Erstere
beiden Vereine haben die Krankenpflege und die Unterstützung
ihrer Mitglieder, falls sie derselben bedürfen, zur Aufgabe; ausserdem sorgt die Chewra bei eintretenden Sterbefällen im Namen der
Hinterbliebenen für sämmtliche Bedürfnisse, die dieser Fall erfordert, um ihnen den Schmerz zu erleichtern, sowie sie für Minjan
in den ersten sieben Trauertagen Sorge trägt. Die Armenkasse
unterstützt auswärtige Arme. Der Groschenverein endlich sorgt
für Verschönerung des Friedhofes. Dieser, sowie die Synagoge
und die Religionsschule sind Gemeinde-Institutionen, die auf Kosten
der Gemeinde erhalten werden.

Wir schliessen unsere Arbeit mit dem Wunsche, dass unsere
Gemeinde wachse und gedeihe, und mit innigem Danke gegen Alle,
welche unser Vorhaben bereitwilligst unterstützt haben. Zu ganz
besonderem Danke in diesem Sinne sind wir verpflichtet den Herren
Archivrath Beyer, Eisenbahn-Director Herrmann hier in Erfurt,
dem Herrn Dr. Wiener in Hannover, Herrn Dr. A. Kirchhoff
in Berlin, sowie Herrn Raphael Kirchheim in Frankfurt a. M.
Nicht minder haben wir ferner den Vorständen der Archive,
Herrn Archivdirector und Ministerialrath Dr. von Weber in
Dresden, Herrn Archivar Professor Annomüller in Rudolstadt,
Herrn Archivar Richter in Sondershausen, Herrn Archivar Dr.
Burkhardt in Weimar unsern aufrichtigen Dank zu sagen, welche
uns mit liebenswürdiger Bereitwilligkeit ihre Archive und Biblio-
theken geöffnet haben.

Nachtrag.

Vor Beendigung des Druckes kommen uns von dem Herrn
Raphael Kirchheim in Frankfurt noch folgende höchst interessante
Nachrichten zu, welche noch zu geben wir uns verpflichtet fühlen.

In dem Mainzer Memorbuche (Todtengedächtnissbuche) *) findet
sich die wichtige wörtlich wieder gegebene Aufzeichnung, dass
bei dem Angriffe auf die Juden im Jahre 1221 (S. 4) die nach-
benannten Mitglieder der jüdischen Gemeinde in Erfurt das Leben
verloren haben: Rabbi Samuel Chasan, Sohn Kalonymos und sein
Weib Hanna; Rabbi Joel der Fromme und sein Weib Schlauda;
Rabbi Schem Tob der Levite, der sich selbst vor der heiligen
Bundeslade geschlachtet; Rabbi Mardochai Sohn Eliakim der Levite;
Rabbi Josef Sohn Schemuel; Rabbi Jizchak; Rabbi Mose und seine
beiden Töchter Matrona und ihre Schwester Rahel, die Jungfrauen
stürzten sich selbst ins Feuer; Rabbi Kalonymos und sein Weib;
Rabbi Seligmann der Jüngling und ein anderer Jüngling; Rabbi
Schabsi und sein Weib und Tochter; Joseph, der Knabe der Levite,
stürzte sich selbst in's Feuer; Rabbi Kalonymos und seine Tochter.
Aus den beigefügten Bemerkungen, wie mehrere derselben sich den
Tod gegeben haben, geht hervor, dass bei diesem Morden auch zu
gleich die Judenhäuser in Brand gesteckt worden sind, was in
dem Chronicon Sanpetrinum nicht erwähnt wird.

Israel Isserlein sagt in Nr. 24 seiner „Piske u k'tubim“, dass
ihm in Eger von einer Rabbiner-Versammlung erzählt wurde, die
vor vierzig Jahren (1387 etwa) in Erfurt stattgefunden hätte; von
denen, welche an derselben Theil genommen, führt er folgende
namentlich auf: Jechiel, Liebmann, Nathan, Jecheskiah, Abraham,
Cohn. **)

Als besonderen Gebrauch theilt Jacob Weil in seinen R.-G.-A.
S. 84 mit, dass man in Erfurt bittere Kräuter ***) (maror) in

---

*) Im Besitze von Carmoly in Frankfurt a. M.
**) Gräz l. c. setzt diese Versammlung 1410.
***) Sehr wahrscheinlich die gemeine Garten-Kresse: Nasturtium hor-
tense vulgatum.

Gartentöpfe zu pflanzen pflege, sowie er in seinem Dinin Nr. 41 von einem Fasttage erwähnt, der alljährlich am 1. Nisan (April) begangen wurde, leider ohne die Veranlassung und den näheren Charakter dieses Tages anzugeben. Gleichzeitig theilt er in Nr. 65 daselbst mit, dass man Chanocka-Kerzen für die Synagoge aus vier zusammengeflossenen Kerzen zu machen pflege, während sonst nur eine einfache dazu verwendet wird.

Endlich theilt er uns mit, dass der im Wormser Memorbuche unter den Märtyrern von 1349 befindliche Alexander Cohen der Verfasser des Aguda sei. Weil, in seinen R.-G.-A. 163 nennt ihn, „als vor dem Verhängniss (1349) lebend". Ausserdem wird er von Mayer Rothenburg in R.-G.-A. 934 erwähnt in folgenden Worten: Wir haben es gedruckt nach einer Handschrift des Süsskind Cohen aus Erfurt-Sefer Baruch, wo zu ergangen „sch'hetiko", und findet sich in der That auch so in Aguda zu Chaluboth Nr. 42 (w'nimza bitschubat Rabbenu Baruch). Im Aguda wird öfter des M. R. gedacht, gewöhnlich mit der Bezeichnung „moharam sal." womit Maimonides umso weniger gemeint sein kann, als er diesen Rabbenu Mosche Maimon ausdrücklich nennt. Ausserdem spricht Baba Kama Nr. 140 dafür und ist die von ihm unter Maharam sal citirte Stelle in Mardechai zu Baba Kama Nr. 171 mit dem Zusatze b. b. (ben baruch) versehen. Der Verfasser des Aguda muss also vor 1293, dem Todesjahr des M. R., gelebt haben, ihm als Gelehrter bekannt gewesen sein und ihn überlebt haben. Es steht also der Annahme, dass er nach 52 Jahren, also 1349 getödtet worden sei, kein historisches und literarisches Hinderniss entgegen.

Noten.

Note I. S. 3.

Das Buch ist, wie gesagt, 1142 geschrieben und hat einen Abraham Sohn Jizchak zum Schreiber. Wir erinnern daran, dass ein gewisser Abraham Sohn Jizchak Schüler des Meschullam ben Jacob war, der 1170 starb. Wäre es vielleicht nicht allzu gewagt, so wären wir geneigt, uns diesen Abraham Sohn Jizchak mit unserem Schreiber identisch zu denken. Was die Minhagim betrifft, die darin stehen, so lässt sich leider nur die Zeit angeben, in welcher sie geschrieben sein können. Der Name des Schreibers derselben fehlt ganz. Dagegen nennt er Rabbi Jacob Sohn Nachmann als seinen Lehrer (lebte im 13ten Jahrhundert), sowie er Rabbi Jizach bar Schlomoh (1296) als seinen Zeitgenossen bezeichnet. Es wird nämlich gefragt, ob man an Erew Rosch ha schonach bei den Selichoth oder zu Schachrith das Tachneh-Gebet sagen soll? Hierauf antwortet er, dass die Ansichten darüber divergirten, und fährt fort: ומורי החיר יעקב בהר"ר נחמן אומר בין; auf einer andern Stelle erzählt er: דבינו יעקב לסליחות בין ליוצר אין נופלין: ; endlich theilt er uns Folgendes mit: היה רגיל בראש השנה להתמלל מם endlich theilt er uns Folgendes mit: וראיתי שלא הגיח הח"ר יעקב בה"ר נחמן לישא כפים במנחת כפורים אלא אמר שלו רב לפי שלא היה סמך לערב

Ferner spricht er von Rabbi Jizchak bar Schlomoh, als seinem Zeitgenossen in folgenden Worten: "וראיתי את ר' יצחק ב"ר שלמה שמידר וג'" (dass er sich beeilte mit Scharith Jom Kippor zur rechten Zeit fertig zu werden); hier spricht der Schreiber offenbar davon, dass er Jizach also habe handeln s e h e n. Denn wäre hier von einem Citat die Rede, so würde es gewiss geheissen haben: וראיתי שר' יצחק וג', oder es würde eine andere ähnliche Form gewählt worden sein. Nach diesem Allen müssen wir also annehmen, dass der Schreiber resp. Abfasser der Minhagim in der zweiten Hälfte des 13 ten Jahrhunderts gelebt hat. — Ausserdem werden noch als Autoren angeführt: Jizchak bar Jesuda (1180 in Mainz); Jacob aus Magdeburg; Joel Halewi (1170 in Bonn und Schüler des Jizach ben Ascher); Ephraim (der Tosafsist) Meschullam der erste und Eliezer aus Metz (1140, Tams Schüler); Jehuda und Amram Gaon (Letzterer 870—888); Baruch aus Mainz (Sohn Schamuel) (1223); Schamuel, Sohn Chaphnai Hakohen (zu Anfang des 12ten Jahrhunderts); Schelomoh (Schüler des Jacob (vermuthlich den Raschi Lehrer der Gemeinde und der heiligen Schrift nennt (Zunz, „Zur Gesch. u. Liter." S. 124, setzt ihn 1150); Jom tow. Sohn Jizchak; Mordchai Hazarfati u. m. andre bekannte Namen. — Der Commentator mehrerer Selichoth, sowie eines Theiles der Gebete von Rosch Haschanah und Jom Kippur nennt uns ebenfalls weder seinen Na-

men noch seine Zeit, dagegen sagt er an einer Stelle: שמעתי בשם מורי
ר"ת יהושע הצרפתי שאמר בשם ההר אליהו שיריאליש וג' (dass am Versöhnungstage nicht gesagt werden soll: ואין עוד אחר. Einmal hörte er einen
Vorbeter am Versöhnungstage also sprechen und zerriss im Schmerze, den
er darüber empfand, seine Kleider. Als Grund gab er an, dass geschrieben stehe: לא יהיה לך אלהים אחרים על פני שהם אחרים לעוברידם שקירא
אליו ואהה עונה כאילו הוא אחר; er schliesst nun mit folgendem Passus:
וכדי הוא לסמוך עליו. — Da uns weder über den gedachten Josoa, noch
über den erwähnten Elias — beides Franzosen — etwas bekannt ist, so
müssen wir vor der Hand darauf verzichten, die Zeit näher anzugeben,
in welcher der Commentator gelebt. Möglich, dass seine Lebenszeit nicht
lange nach der des Verfassers der Minhagim fällt. — Endlich befinden
sich in dem Buche noch Randbemerkungen von einem Dritten, dessen
Namen ebenfalls nicht genannt ist, dessen Lebenszeit aber aus folgender
Bemerkung in dem Stücke der Schemonn Esra כך אתחיל וג' zu ersehen:
שמעתי בשם מורי ר' מאיר מאור העולה שא"ל לחיים אלא לחיים. Dieser
Mair, von dem hier die Redé, lebte 1353 (Zunz), folglich mussten die
Randbemerkungen in der zweiten Hälfte des 14 ten Jahrhunderts nieder-
geschrieben worden sein. — Als Besitzer des Buches werden genannt:
ישראל ב"ר אברהם und אשר משה ב'הק ר שמחה. Vielleicht sind diese
Namen auch mit dem Verfasser der Minhagim, oder mit denen der späteren Anmerkungen und des Commentars in Einklang zu bringen. — Bemerkt muss noch werden, dass auch die Interpunktion von einer späteru
Hand herrührt und dass ' mit ׳ und ebenso umgekehrt oft verwechselt
wird. Der Interpunctator las also das Hebräische in portugiesischer Mund-
art, war aber nicht Grammatiker genug, um das ' von ׳ immer zu unter-
scheiden.

Note II. S. 11.

Bellermann liest:

האבן הזאת
בשויה ולציון יחיה
לראש רבי ודארש
רב"ר זרח וכהן
שנאסף בירח שבט
בשנת מ"ח לפק
בא לחי בשמים
אמן סלה

Zur Erklärung einiger schwierigen Stellen dieses Epitaphiums giebt
er Noten, von denen wir folgende hervorheben: בשויה vel deri vari po-
test a שו et שוא vanum, inutile, nihilum; hinc esset in terra vana, in
mundo hoc caduco vt Ps. 24; 4 vel refertur ad שוה in Piel ex Chaldaismo
posuit, vid. Hos. 10, 1. inde שוני, שויה et שויה, שויתא Chald. lectus,
stratum, locus quo quis ponitur, vid. Deut. 3, 11. paraphrasi chaldaica,
ideoque est synonymum r. ç. ערש et יצוע. In aliis linguis quoque per meta-

phoram pulchram, sepulchrum nominari stratum, inuenitur«. Wir glauben
aber, dass der erste Buchstabe nicht recht deutlich zu lesen war, und
dass es heissen muss: עְשׂוּיה; das passt besser und braucht man nicht
zu einer gezwungenen und weit her gesuchten Erklärung, wie die Bellermann'sche ist, seine Zuflucht zu nehmen. — וּראַרשׂ, Radix ארשׂ apud
Chaldaeos et Rabbinos ארם, despondit. sibi sc. mulierem; ר praefixum
chald. est שׂ praef. hebraicum, ex אשׂר quoad significationem et formam
deducendum, loco אׂשׂר ארשׂ positum, vid. Deut. 20, 7. Coaeuis notatu
dignum videbatur, Synedrii Praesidem, breui tempore ante mortem sibi
despondisse foeminam, sed ablatum praematura morte eam non duxisse.
Si quis vero praedicatum desponsi seu desponsati sensu morali accipere
maluerit, variae causae, a iudaica interpretandi canticum canticorum ra-
tione desumtae, possent proferri, quas tamen brevitatis studio omittimus.
Auch diese Leseart scheint uns nicht richtig zu sein und man thut wohl
besser Wadarasch als den Namen und וכְהֵן זרח anstatt וכהן זרח zu
lesen. Bellermanns Uebersetzung des ר׳ב׳ר in „Praeses synedrii" ist nur
dann richtig, wenn er das Rabbinats-Collegium meint. Einen Wink über
dieses Collegium erhalten wir in folgender in den R. G. A. des Rabbi
Mayer aus Rothenburg ed. Cremona No. 17 enthaltenen Stelle, wo von
Zeugen gesprochen wird: בערבורק באׂמׂר טעגו nun schreibt uns schon
Wiener mit Recht, dass wohl gelesen werden muss בערבורט und dass
die andere Leseart ein Druckfehler sei. Ist dies richtig, dann würde daraus
folgen, dass in der zweiten Hälfte des 13. Jahrhunderts Rabbi Samuel ben
Menachem Helewi und ·Rabbi Simcha ben Gerschom in Erfurt Rabbiner
waren. Vielleicht bildeten diese unter Vorsitz des eben gedachten Wadarasch das Rabbinats-Collegium. — Dass aber damals ein Rabbinats-Collegium bestand, ersehen wir auch daraus, dass der Mann, der seine Frau
1271 des Ehebruches anklagt, schreibt: רבותינו הכרו׳ אלינו שבאארפורט,
wo also offenbar von mehreren Personen die Rede ist.

Note III. S. 26.

Fryd. marchio mismensis. Ir ratesmeyster unde rat der stat zcu nort-
huzen wysset, daz wir alle unze Joden haben lozen burnen (verbrennen)
also wyt alse unse lant sin, umme dy groze Bosheyt, dy sy an der krystenheit haben getan, wenne sy di kristenheit getot wolden haben mit vorgift
dy sy in alle borne geworfen haben, daz wir genczlich der kunt unde der-
varn haben, daz daz ir uwre Juden lozet toten, gots zcu lobe unde zcu ern
unde der krystenheit noch icht geschwacht in werde. Waz vch dor
umme antryt, daz wol wir vch ken unzeme Herren deme Konige unde ken
allen Heren obe nemen. Ouch wysset, daz wir Hern Heynrich snozen
unsen vogt von salzca zcu vch senden der sal ober uwre Juden clagen,
umme di vorgenante Bosheyt, di si an der krystenheit getan haben. Dor
umme byte wir vch vlyseclichen, daz in deme rechts helfet obersy, daz wollen wir sonderlich umme vch verdinen. Gegeben Ysenach an deme svnobende
sende walpurge tage under unseme Heymelichen in gesigele. (Fast wörtlich so lautet das Schreiben an die Mühlhäuser.)

Note IV. S. 28.

In den Stadtrechnungsbüchern finden sich folgende leider unvollstän-
dige Notizen, die aber immerhin beweisen, dass sich der Rath das Eigenthum der Juden angeeignet hat.

1351, Haus des weiland Rotenburg zu bauen (ohne Angabe des Betrages).

1352, desgl. (desgl.)

1355, Erbauung von Judenhäusern. (desgl.)

1356, 2 von den im vorigen Jahre gebauten zu verfertigen, d. h. fertig
zu bauen (ebenfalls ohne Angabe des Postens).

1357, die Judenschule zu bauen und 4 Judenhäuser mit 4 Kellern zu
bessern (ebenfalls ohne Angabe des Postens).

1360, Judenhäuser zu bauen. (desgl.)

1361, 4 Judenhäuser mit Kellern, Stuben und Kammern zu bauen (desgl.)

1365, Judenhäuser zu bauen und für Rinnen und Dachung derselben
(ebenso).

1366, 69, 70, " bessern.

1371 " bauen; einen neuen Keller u. Thür in einem Judenhaus.

1372, 73 " bessern.

1460, Vor Gebäu an der Judenschule zu decken. 10 Schock 43 Groschen.

1466, Vor 2 Judenhäusern hinter der Judenschule, darin jetzt die Pusc-
ner und Ottingern sitzen, zu decken, vor Kalk, Ziegeln und dem
Ziegler zu Lohne 25 Schock 40 Groschen. Aus diesen kurzen
Notizen ersehen wir doch so viel, dass sich der Rath als Eigen-
thümer der Judenhäuser und der Judenschule betrachtet hat, was
gewiss ein trauriges Licht auf die damalige Rechtsanschauung wirft.

Note V. S. 34.

Wir halten es der Wichtigkeit des Gegenstandes für angemessen,
wenn wir die Nachrichten über die hier vorhanden gewesenen vier Synagogen zusammenfassen, welche die jüdische Gemeinde hier im Laufe der
Jahrhunderte zur Abhaltung ihres Gottesdienstes besass, die jetzige Synagoge nicht mit inbegriffen, welcher auf S. 63 gedacht ist.

Die älteste Synagoge, von welcher man das Alter ihrer Erbauung
nicht kennt, lag inmitten eines grösseren Häuserkomplexes an der jetzigen
Marktstrasse und des Benediktplatzes und bildet gegenwärtig das Hintergebäude des Hauses No. 2546. S. S. 8. Bis zum Judensturm im Jahre 1349
zahlte, den noch vorhandenen Freizinsbüchern zu Folge, die jüdische Gemeinde, Communitas Judaeorum, von derselben, sowie auch vom Friedhofe,
de Cimiterio, ferner von dem Bade, de frigido balneo, dem Erzbischoffe
Freizinsen. Sie war also unbestrittene Eigenthümerin derselben. Im Jahre
1350 und bis zu ihrer Vertreibung im Jahre 1458 zahlt Communitas Judaeorum jährlich zwar noch den Freizins von dem Bade und auch theilweise
von dem Friedhofe, allein der Freizins von der Synagoge wird von da ab
und im Laufe der Jahrhunderte von Privatpersonen entrichtet, zuerst von

Th. et Gotzo Brunonis, dann von andern Privatpersonen: 1350 von Titzel
Vicedominus et frater ejus, später von Henricus de Meiningen und anderen
bis in die neuere Zeit. Kammermeister erzählt zwar in seiner Chronik: *)
»In dem Jahre da man schrieb 1461 da wardt die Judenschule zu Erffurdt
»vom Rath ingenommen vnd gerumet, die grossen Fenster abgenommen
»vndt gute Böden darein gemacht, in der meinunge, dass der Rath seine
»Harnisch vnd Geschütze u. s. w. darin wolt behalten«. Allein die Freizinsbücher weisen diesen Uebergang der Synagoge an die Stadt nicht nach
und es muss demnach der Rath sie nur kurze Zeit besessen haben. Die
Nachricht bleibt immerhin wichtig genug, um volle Berücksichtigung zu
finden, denn sie erklärt, warum weder das Innere noch das Aeussere
des noch vorhandenen Gebäudes die ursprüngliche Bestimmung desselben
mehr erkennen lässt. Es wurde zu prophanen Zwecken eingerichtet und
jede äussere und innere Zierde beseitiget. Wir glauben unsere hiesigen
geliebten Gemeindeglieder auf dieses Gebäude besonders aufmerksam machen zu müssen, damit sie den Ort kennen lernen, wo ihre Vorfahren schon
vor grauen Zeiten sich versammelten, um in den über sie dahin brausen-
den Stürmen Trost und Erbauung zu finden. Weitere in den Freizinsbüchern vorhandene Nachrichten lassen ferner darüber keinen Zweifel aufkommen, dass dieses Gebäude wirklich die Synagoge war. Es heisst nämlich in den Freizinsbüchern von 1413 bis 1468:

Bruna filia piscis et filia sua de area lapidea per quam itur mane et
vespere ad scolas Judaeorum den. 1; nämlich einen Pfennig.

Hiermit ist das Haus jetzt No. 2732 gemeint, durch welches man in
den Hof kam, in welchem die von der Strasse abgeschlossene Synagoge lag.
Der Eingang ist noch erkennbar. Die Nachricht, welche Falkenstein in
seiner Historie von Erfurt S. 260 giebt, dass nämlich im Jahre 1357 der
Rath die Judenschule habe repariren lassen, ist unrichtig, denn wie vor-
stehend nachgewiesen, war derselbe nicht in ihrem Besitz. Dagegen bezieht sich diese Nachricht auf die im Jahre 1357 erfolgte Erbauung einer
zweiten Synagoge, derjenigen, welche die Gemeinde bis zum Jahre 1458
inne hatte, welche im Jahre 1736 abbrannte und von der wir die Abbildung geben. Denn erstlich wird in den Stadtrechnungsbüchern vom Jahre
1357 erwähnt, dass in diesem Jahre die Judenschule erbaut wurde; (S.
Note IV. S. 70) eine Verpflichtung, die der Rath zu übernehmen hatte,
weil er die frühere Synagoge verkauft hatte; und ferner wird in den Freizinsbüchern der Jahre 1359 und folgende ein Freizins aufgeführt:

Item de loco adjacente prope aream aedificatam per Kophelmann,
hierauf Copillam judeam, ferner Capellam judeorum etc. und endlich 1465:
de loco adjacente prope aream in antea aedificatam per synagogam Judaeorum.

Man betrachte das einem christlichen Gotteshause, einer Kapelle, voll-
kommen ähnliche äussere Ansehen dieses Gebäudes und es wird kein Zwei-

---

*) Handschrift in der Dresdener Bibliothek. Die Nachricht fehlt in
Mencken SS. R. G. T. III. p. 1231.

fel aufkommen, dass dieses im Jahre 1786 zerstörte Gebäude, die im Jahre 1857 erbaute zweite Synagoge war.

Ferner die S. 34 erwähnte Synagoge in der Himmelspforte betreffend, so ist die von Sinnhold gegebene Nachricht so hypothetisch gehalten, dass es uns nicht möglich ist, ein Urtheil über ihre Entstehung und ihren Charakter zu geben. Möglich, dass es eine Privat-Synagoge war, denn jenes Haus wurde, wie wir S. 36 erzählten, im Jahre 1360 an Meyer von Nürnberg, dessen Frau Selde, dessen Bruder Gerson und an Süssmann und dessen Sohn verkauft.

Ueber die auf dem jüdischen Friedhofe vor dem Moritzthore gelegene, S. 50 erwähnte Synagoge finden sich nirgend andere Nachrichten vor, als dass sie auf dem Stadtplan eingezeichnet ist. Sollte es diejenige gewesen sein, von welcher Weil in seinem Rechtsgutachten erzählt, dass er in der Synagoge der Jünglinge gelehrt habe, so kann sie keineswegs unbedeutend gewesen sein, da man von einem Manne, wie W. war, nicht annehmen kann, dass er Rabbiner irgend einer Winkelsynagoge war und einer solchen in seinem Rechtsgutachten Erwähnung thun sollte.

Note VI. S. 34.

Ausser Erfurt hatten auch bald Mühlhausen und Nordhausen, sowie die anderen thüringischen Städte ihre Thore den Juden geöffnet. So nahm Mühlhausen, wie bereits erwähnt, viele Juden im Jahre 1410 auf, jedoch unter der Bedingung, dass ein jeder Jude alljährlich 7 Rhein. Gulden zu Geschoss gebe. Daselbst scheinen sie sich das ganze Mittelalter hindurch behauptet zu haben, denn in einem handschriftlichen Chronikon der Stadt Mühlhausen finden wir folgende Notizen: 1472 befiehlt der Churfürst, (?) dass die Mühlhäuser Juden Abzeichen tragen und der Christen Stuben meiden sollten, auf Vorbitte des Rathes wird dieser Befehl zurückgenommen und die Juden geben dafür viel Geld zur Erbauung des Mainzer Hofes zu Erfurt. (Renovirung?) 1509 wird der Jude Liebmann vom Official in den Bann gethan, weil er sein Kind von einer Christin hat säugen lassen. 1771 die Woche vor Himmelfahrt, kommt ein fremder Jude hier an und kaufte, dem obrigkeitlichen Befehle zuwider, Früchte auf, wozu ihm die hiesigen Juden behilflich waren. Dieser ging vor die auswendigen Thore, besonders postirte er sich auf die Schinderbrücke, passte dort die Ankommenden auf, kaufte ihnen die Früchte, welche sie zu Markte brachten, ab, und gab ihnen noch mehr, als sie verlangten. Da das die Georgenvorstädter sahen, stellten sie ihn zu Rede, allein er und seine Gesellen gaben »naseweisse Antworten«, da warfen ihn die Georgenvorstädter dermassen mit Steinen, dass ihm das Blut vom Kopfe lief, und hätten sie ihn zu Tode geworfen, wenn er sich nicht in Seyens Thorfahrt hineingeflüchtet und dadurch gerettet hätte. Auch auf dem Vormarkte kauften die Juden das Getreide auf und als man sie darüber zu Rede stellte, gaben sie zur Antwort: man habe ihnen nichts zu befehlen. Darüber entstand ein Aufruhr, und viele Juden kamen zu Schaden, besonders wurde ein Mädchen stark beschädigt, das ihren Vater vertheidigen wollte.

Dass Nordhausen die Juden gleich wieder aufgenommen, sehen wir daraus, dass das Wenzelsche Edict vom Jahre 1390 auch sie hart traf. — 1455 spricht Kaiser Friedrich die Acht und Aberacht aus gegen den hessischen Münzmeister Niclaus von der Nyess, welcher einen Juden und acht für denselben bürgende Bürger von Nordhausen vor dem Freistuhle zu Freienhein belangte. — Noch im Jahre 1534 finden die Juden in Weimar Aufnahme, wie aus einer Notiz in dem Handelbuch der Stadt Weimar von 1528—38 zu ersehen, sie lautet: Vff heut Freitag nach Nicolai Jst der Rath mit dem Nathan Juden einer hantirung halben vbereinkommen vnd sal genanter Jude jerlichen dem Rathe 11 Fl. von seinem gewerbe geben. Nemlich aber sal Er mit diesen stucken handeln. Als mit thuche, Leyment, Seiden und golden Borten, Goldt, Silber, samat vnd mit hosen leder. Wu er aber grosseren handel treiben wurde Wil Im der Raet auch mehr adder weniger davon zunemen furbehalten haben. Actum uts. 1534. Desgleichen sal Moses Jude hynforder jerlichen vff zwu fristen V Fl. geben. Actum sexta post purificationis anno XXXV. — In Gebesee finden wir noch 1552 Spuren von Juden, denn ein altes Chronikon erzählt uns, dass sie in dem gedachten Jahre ihren Kirchhof auf dem Klausen- oder Katharinenberge gehabt haben. — 1543 vertreibt der Herzog von Sachsen, Johann Friederich, die Juden aus seinem Lande ganz, wahrscheinlich um sie bald wieder aufzunehmen. *) — Was die Fürstlich Schwarzburgischen Lande betrifft, so erhalten wir durch die Güte des Herrn Professor Ammüller folgende Notizen. Sie werden in den Chroniken bereits im 13. Jahrhundert erwähnt. Bei der Geschichte Conrads von Weissensee wird der Juden von Frankenhausen gedacht. — 1335 am Tage Scholastica mortificiren Graf Günther und Heinrich von Schwarzburg einen von dem Nonnenkloster in Ilmen ausgestellten, von diesen verlorenen Brief. **) — 1428 giebt Graf Günther von Schwarzburg dem Juden Isaac die Judenschule zu Ilmenau; auch ertheilt er ihm viele Rechte und Freiheiten in seinem ganzen Lande. ***) — 1432 giebt Claus, ein kaiserlicher Commissarius, dem Fürsten von Schwarzburg einen Brief, in welchem es heisst, dass die Steuer, die der Kaiser von den Juden in Schwarzburg erhebe, des Fürsten wie der Juden Freiheiten und Privilegien keinen Eintrag thun sollte. — 1434 den 28. August verkauft Günther von Schwarzburg dem Grafen Heinrich von Schwarzburg zu Sondershausen Arnstadt, die Stadt Ilm mit allen Zubehörungen, sammt der Gerechtigkeit über das Kloster daselbst u. s. w. für 1440 Mark L. S., welchem Kauf zu mehrer Bekräftigung beigewohnt haben: Hans von Oberweimar, Bernhard von Griesheim, Amtmann zu Schwarzburg, Heinrich von Gluna, Heinrich von Beulewiz und Isaac Jude. Geschehen am Dienstag Laurentii. 1434 quittirt Kaiser Sigismund über von Juden erhaltene Steuern. †) — 1452 erhält Heinrich von Botten Erlaubniss vom Grafen Heinrich von Schwarzburg, die Juden-

*) Urkunde XXI.
**) Urkunde XXII.
***) Urkunde XXIII.
†) Urkunde XXIV.

schule zu Ilmen in eine Kapelle zu verwandeln. — 1453 giebt Kaiser
Friedrich Befehl, von den Juden in Schwarzburg den dritten Pfennig ihres
Vermögens als Judensteuer zu erheben. *) — Erst 1496 verbanden sich die
Grafen Heinrich und Günther von Schwarzburg, die Juden aus ihren Lan-
den zu vertreiben. **) Dieser Beschluss wird 1632 erneuert. — In Arnstadt haben die Juden noch 1521 eine Synagoge, die in der Erfurter
Strasse, wo das Bartholomäische Hintergebäude ist, gestanden hat. Ihren
Gottesacker haben sie vor der Ichtershäuser Strasse neben Werner Meusels
Acker. Dass sie 1349 erschlagen worden, ist bereits gedacht. Aber es
wohnen bald wieder Juden in Arnstadt und finden, wie uns Olearius mittheilt, 1441 und 1466 Vertreibungen der Juden aus Arnstadt statt, wahrscheinlich um sie zu pressen und, nachdem dieses geschehen, sie bald
wieder aufzunehmen. Schliesslich ist noch eines in dem Fürstlich Schwarz-
burg-Sondershäusischen Archiv befindlichen Gutachtens der theologischen
Fakultät zu Giessen vom 4. Januar 1699 zu erwähnen, in welchem u. a.
auseinander gesetzt wird, dass den Juden der Aufenthalt im Lande zu gestatten sei.

Note VII. S. 51.

Dass Hiller wirklich hier gelebt und gewirkt hat, geht aus den Gutachten des Rabbi Moses Minz hervor, welcher pag. 120a erzählt, dass derselbe ein Gelübde gethan habe, nach Palästina zu gehen} sich auch auf
den Weg begeben hatte, aber nur bis nach Wien gekommen sei, wo man
ihn des Gelübdes entbunden habe, worauf er wieder nach seinem Wohnorte
Erfurt zurückgekehrt sei, und dort das Studium des Thoroch verbreitet
habe. Die Stelle lautet im Original: וכן שמעתי על ר"ג מהר' הילל זל שנדר
לעלות לא"י ועקר נפשו ובא עד ק"ק וינא ושם נתחרט והתירו לו הלומדים נדרו
ושב למקום ערפורט ..... ודרביץ הורה בישראל. Wahrscheinlich hat er
kurz vor Jacob Weil in Erfurt gelebt.

Note VIII. S. 52.

Wann Weil geboren und gestorben ist, lässt sich genau durchaus
nicht angeben. Da er ein ausgezeichneter Schüler des Maharil war, und wie
aus den R. G. A. des Rabbi Israel aus Brunn No. 61 zu schliessen, schon
1458 (also 5 Jahre vor der Vertreibung) verstorben war, so wird er wohl
zu Ende des 14. Jahrhunderts geboren sein. In achter Reihe stammt von
ihm, wie schon Asulai bemerkt, Rabbi Natanel Weil, Rabbi in Carlsruhe,
ab, dessen Sohn Simon Hirsch im J. 1795 in Fürth d. R. G. A. desselben
unter dem Titel »Torath Natanel« erscheinen liess. Am Ende der Vorrede
heisst es: כד בן הסב' העצד שמעק דורש בן דגאון סיה נתנאל וייל בעל
הסב' ספר קרב נתגאל וס נהיב חיים אשר היה אבד במדינת באדין וטורלך
ובמדינה שוארצואלד אפלואנד בקק פראג בן דקרוס הדור נפתלי יטוה הורש
בן התהני הזדר משה המצוה מה'רס בזשאלינג בן רח שמוא ארי

*) Urkunde XXV.
**) Urkunde XXVI.

שרתא בן הגאון מהו׳ יונה וייל שהי׳ אב׳ד במדינה בורנא שוואבין שוויץ בן
הרב מופת הדור מהר׳ יעקב וייל שדחה אב׳ד במקום הגדול דונאוורט וכל מדינה
פייארן בן הרב מהו׳ מרדם שהי׳ אב׳ר במדינה אלמא בן הגאון מופת הדור
מהר׳ יעקב וייל שהי׳ אב׳ד בנידנבערג וכל העלילות שחבר שו׳ב ושי׳ות׳

Aus den Gutachten des Israel Brunn wissen wir, dass Jacob Weil einen
Sohn hatte, Namens Josel, der mit R. Israel verschwägert war. Er hatte
auch noch einen Verwandten Baruch in Augsburg, einen andern Namens
R. Moeln, einen dritten Namens Salomon, auch einen Joseph, sowie einen
Aaron Cohen und Eisak führt er an. Mehreres über das Leben, die Fami-
lienverhältnisse und den Charakter Weils zu ermitteln, waren wir nicht
im Stande.

Urkunden.

Urkunde I. S. 7.

Des Erzbischofs Sifrid von Mainz Befehl an den Pleban von S. Benedict in Erfurt, wegen Besteuerung der Juden, welche bürgerliche Häuser
seiner Pfarrei bewohnen. Erphordie, XIII. Kal. Aug. 1240.

Sifridus dei gratia s. Maguntine sedis archiepiscopus, sacri imperii
per Germaniam archicancellarius dilecto in Christo. — plebano s. Benedicti
Erphordensis suisque successoribus in perpetuum. Cum quidam cives Erphordenses domos suas in parrochie vestre terminis constitutas judeos in-
habitare permittant et ex hoc parrochia iure suo fraudetur, volumus ut si
possessores domorum ipsarum non servaverint vos indempnes, vos judeos
eosdem districtione qua convenit compellatis ad compensandum vobis, quod
a christianis de ipsis domibus parrochie deberetur — Datum Erphordie
anno gratie M. cc. xl. XIII. Kal. Augusti, pontificatus nostri anno undecimo.

(Aus dem Original.)

Urkunde II. S. 7.

Der Rath zu Erfurt vergleicht den Pleban zu S. Benedict mit den
in dessen Pfarrei wohnenden Juden über ihre Abgaben an den Pleban.
1278. XI. Kal. Martii.

In nomine sancte et individue trinitatis Amen. Ad precavendum li-
tigia, que rerum cupiditas mater litium generat incessanter, ex subtili pro-
videntia homines consueverunt facta recordatione digna pariter et re-
latu scriptis autenticis perhennare. Quapropter nos magistri consulum et
alii consules Erfordenses recognoscimus et omnibus has litteras inspecturis
cupimus esse notum, quod controversia, que inter dominum Conradum de

Rode canonicum ecclesie s. Severi, plebanum s. Benedicti in Erfordia ex
una et judeos in ipsa parrochia s. Benedicti residentes ex parte altera ver-
tebatur, de consilio arbitrorum, nostrorum concivium ex utraque parte
communiter electorum, est amicabiliter explanata pariter et sopita, videli-
cet isto modo, quod iidem judei ipsi domino Conrado plebano parrochie
supradicte sex talenta denariorum, Erfordensis monete, omni occasione
postposita in festo b. Martini, quamdiu ibi plebanus existit, singulis annis
solvere teneantur; hoc adjecto, quod prefatus plebanus eos et nullam eorum
familiam acgravabit. Est etiam de consilio predictorum adjectum, quod
si aliquem judeum inantea ab aliquo christianorum conparare aut condu-
cere contingerit curiam sive domum, idem judeus exclusa communitate ex
tunc cum plebano prefato amicabiliter complanabit. Si autem casu aliquo
obstante inter eos concordia accedere non posset, tunc inter plebanum
sepedictum et judeum duo clerici, quos idem plebanus ad hoc elegerit, et
magistri consulum, qui pro tempore fuerint, medium ordinabunt. In huius
rei certitudinem et incorruptibilem firmitatem dedimus presentem litteram
super eo sigillo civitatis Erfordensis fideliter roboratam. Acta sunt heo
anno domini. M. cc. lxx iii. XI. Kal. Martii.

(Aus dem Original mit dem grossen Siegel der Stadt.)

Urkunde III. S. 7.

Der Erzbischof Werner zu Mainz relaxirt das wegen der Juden über
die Stadt Erfurt ausgesprochene Interdict und verordnet, dieselbe bei ihren
Rechten über jene zu lassen. D. Elnbogen, 1266. XIII. Kal. Januarii.

Wernerus Dei gratia s. Moguntinae sedis archiepiscopus etc. Recognoscimus tenore praesentium lucide protestantes, quod super causis quibuslibet
Judaeorum et vestris habitis, usque modo vos et Judai ipsi estis nostrae
gratiae plenarie reformati. Divina vobis propter Judaeos eosdem inhibita
liberaliter praesentibus relaxantes, ut de nostris beneficiis capere valeatis
gaudium adoptatum, volumus etiam eosdem Judaeos eo iure, libertate pariter et honore perfrui, et gaudere ad illum terminum, quo nostris ac prae-
decessorum nostrorum literis sunt muniti. Datum apud Ellenbogen Anno
1266. XIII. Kalend. Januarii. (Falckenstein, Erf. Chronik, p. 107.)

Urkunde IV. (Auszug.) S. 17.

Erzbischof Gerhard II. zu Mainz verpfändet dem Rath zu Erfurt für
1000 Mk. Silbers das Münzrecht, das Marktmeister-Amt und das beider
Schultheissen, so wie die Juden. Erphordie, XV. Kal. Apr. 1291. (Auszug.)

Nos Gerhardus dei gratia sanctae Moguntinae sedis Archiepiscopus etc.
Recognoscimus praesentibus literis publice profitendo quod cum dilecti
fideles nostri Henricus de Gotha et Waltherus Kerlinger, magistri, consules
et Cives Erphordenses, nobis pro exoneratione debitorum nostrorum in
..na curia contractorum in mille marcis puri argenti liberaliter eorum
....miserint subvenire, nos dignum docentes ut iidem fideles nostri
.....evotionis insigniis beneficentiae nostrae gratiam sentiant vice

versa; memoratis fidelibus nostris magistris, consulibus et civibus Erfurden-
sibus universis monetae, Magistratus fori, civitatis et in plurali scultetorum
officia nostri oppidi Erphordensis praedicti, cum emolumento, quod de
Judaeis nostris ibidem nobis, successoribus nostris, vel Ecclesiae Moguuti-
nae derivari deberet, habenda et obtinenda concedimus et locamus etc. d.
Erphordiae, XV. Kal. Apr. 1291.

(Falkenstein, Chronik v. Erfurt, p. 164.)

Urkunde V. S. 23.

Das seindt die Junckern, die mit Schalen das Judenschlahen zu dem
ersten antrugen und sich mit ime verbunden mit gelobeden, also als er
sprach bey seiner hennefart, als er verwar wuste das er sterben muste:
Ditzel Hottermann Hern Sigharts sohn, Hermann Hasse, Güntzel von
Rockstette, Apel von Hallestrank, Conradt Vierdelingk, Joh. von Bech-
stetten und sein vetter Sander, und viel andern Junckern die er nicht
genenne kunde, die durch bitte diessen vorgenanten zu hülffe komen.

Darnach Schalle vorgenandt und Spitze waren Hauptleute von der
Gemeyne wegen, Güntzel von Rockstedt und Apel von Halle von der
Reichen wegen, die sprachen, dass man es frohlichen angreiffe, sie hetten
leute aus deme Rathe und aus den Rethen, die inen trefflichen zu hülffe
komen wolten. Also hat Schalle bekandt bey seiner hennefart, Roder
sprach auch abendt und morgen, dass sie es angriffen, er wolde mit XX
unsern Hern Dienern mechtigklich darzu komen, alleine er kunde mit
namen keynen genennen.

Hie wart die Samelunge under den lobern zu Stinmetzen hause.
Apel von Goela, Meldingen, Ludewigk, Spangen sohn, Raspenbergk hatt
auch Samelunge in seinem hause. Der lober war woll LIIII die darbey
waren, do die Junckern das gelöbde thetten, alleine Schala kunde sie nicht
alle genennen.

Stinmetze sprach, er hette mit rath seyner Haubtleute in seyner
pfarre das dingk angegrieffen.

Merten von Voylsburgk hatt samelunge doheime, do waren die
zichener. *) Spitze und die gebrudere von Madala, Meldingen und Fretzen,
beyde vor dem loberthore, Hermans sohn, Teysthener auf dem grassemarkte,
der was auch der anleger **) eyner, und Weyssensehe an dem lobancke.
Clemme der hatte samelunge des nachtes, der was woll XX. her von Tas-
dorff und Titzels sohn von Ebeleben, die waren da mit von der Weber
wegen. Joh. von Linde was haubtmann der fleischawer. ***)

Die gebrüder von Arnstadt gelobten den lobern, sie wollten inen
frolich zu hülf komen, das sie es angriffen.

---

*) Ein Gewerk der Weber: die Innungen der Zichener und Schaluner,
von Chalonzeug.

**) Anstifter.

***) Fleischhauer, Schlachter.

Der kürsener uf der langen stegen, der hatte samelunge des nachtes mit den fuesschützen in seynem hause, Selingen, Helwig, Nuses und die andern fuesschützen, der was viel, die er nicht nennen kundt.

Hern Sigeharths *) sohn, alleine er des nachtes bey seinem vatter auf deme hause was, so gingk er des morgens vor das haus zu den Juden-schlegern und sprach: Greifft es an, ich will todt und lebendigk bey euch pleiben. Das bekannte Schala auch.

Ein weyssgerber, der hatte gele stosse an dem mantel, der was haubtmann von seyner gesellen wegen, bey seynem namen kundt er in nicht genennen.

Alle die hie beschrieben stehen, die seindt dieser dinge meister, an-leger und volbringer gewest. Aber sie sprachen zu viel andern, die sie es hatten mit inen angreiffen, wann sie es begunnsten, so würde ir also viel als sie irer bedurfften. Das seindt rede und wortte, die Güntzel von Rockstett bey seyner wahrheit, und also als er sprach, er muste sterben, bekandt ers alleine, man brachtes gar kaume aus ime, dann er sprach, er hette es verschworen und verlobt bey seynem eide, das ers nymer melden wolde.

Von erst uf dem Vischemarkte vor dem pletner, do kamen zusamen Her Götze von Stolbergk, Gisseler Vierdelingk, Werner von Witzleben, Hartungk von Treffardt **) der Elder und Johan von Wechmar, und ver-bunden sich miteynander, also das sie an dem andern tage oder an deme dritten darnach sich samelten zu Werners hause von Witzleben in dem werckgadem. Darzu kam Er Johan von Dreffart, und verbunden sich do miteynander vmb den rith gehen Dressen, ***) das die Brieffe von dem Marggrauen in den Rath und in die Handwergk komen, und gebeten wart, das man die Juden zu thode erschlüge. Das warb Werner von Witzleben, das bekante Kuntze seyn sohn gegen Güntzel von Rockstette in dem thorme, da sie beyde miteynander inne lagen. Aber er muste ime verschweren, das es nimer wolde melden. Als davor geschrieben steet, also wurden diese dingk von erste angetragen, dauon dieser schade komen ist.

Er bekandt auch, das Werner von Witzleben seynem sohne Kuntzen kauffte eisenhüte und andere woffen, und sprach widder etzliche leute, er woldte seynen sohn zu herrnhoffe senden. Aber er woldt die woffen darzu haben, das er die Juden damit hülffe thötten, das auch denen wolwissent-lich war, die hievor geschrieben steen, dann sie waren kegenwertigk do er die woffen kauffte. Auch sprach Kuntz von Witzleben widder Güntzel von Rockstetten, seyn vatter und seyne freunde und auch etliche andere hetten ire herrschafft lange genug gehabt, sie wollten auch nun die seyn und werden, dann es solde inen nymer gestadt werden, das sie manich jare angetrieben hetten. Da wart aber mit Güntzel geredt in der Tem-

---

*) Sieghard Hottermann und Sieghard Lubelin waren 1347 die Ober-sten des Raths, ersterer Ober-Rathsmeister.

**) Treffurt war 1341 Rathsmeister.

***) Dresden.

litzen, *) woldt er das man seyn dingk gütlich an unsere herren brechte,
so muste er sie des grundes bas berichten. Do sprach er, das ist der
grundt, das Er Hugk der Lange und seyn sohn, **) Her Johan von Dreffart
und seyn bruder, und Er Sigehart Hottermann ***) und die andern, die
hievor geschrieben stehen, und etliche mehr aus dem Rathe und gnugk
aus den Rethen †) sich diesses dinges vertragen und vereyniget hetten.
Das geschah an Sanct Petersbergk zu Ern Hartunges hause Vitzthumbs,
do sie vielmal miteynander waren. Auch rürthe er Herr Hermans haus
Brotsagks, do sie auch miteynander waren. Auch sprach der vorgenante
Güntzel, das sie zu Rüdigers hause von Kesselborn, Rudeloff und Giesseler
Zigeler und die Junckern, die do vorgeschrieben seindt, und der junge
Syffart von Kesselborn dicke bey eynander waren. Er rürthe auch Johan
von Salueldt und mit namen Ludewigen Legatten seynen schwager, der
do sprach vor widder Güntzeln, er wuste verwar, man woldte die Juden
thötten. Do legten die Junckern, die vertrieben seindt, und selbst ge-
rümbt haben, rath an, mit namen Hern Sigarts sohn Hase, Kuntze Vierdelingk, Sander, Kuntze Witzleben und die andern ire gesellen, die unser
Herrn wol wissen, Hermans sohn Teischeners mit etlichen in den hand-
wercken, mit lobern, zichenern, mit Joh. Linden, mit Stymmen von den
fleischhawern, mit weyssgerbern und mit den andern mitheubtleuten und
mit andern, die unser Hern erschawen haben gnugk und noch erschawen
mogen, die diese Junckern vorgenandt zu inen brachten mit gelobden und
mit eyden, und sprachen, das der Rath und die Rethe die Juden schlahen
wollten. Alleine so dicke sprachen und liessen kundigen, sie wollten die
Juden schützen und schirmen. Also gingen diesse dingk vor, do die kirch-
wartthe des nachtes verbott worden, und des morgens vor das haus qua-
men zu den Judenschlegern, der viel was, die nicht wusten was sie thun
soltten, dann sie woltten wehnen, das der Rath die Juden schlahen woltte,
do die tarsten also baldt von dem hause geweicht worden und auch etzliche ire dienere den Juden selber zutratten. Auch hatte Helwigk Goltschmidt widder Güntzeln geredt in dem thorme, das es Gott were geclaget, das Cunradt von Arnstatt do sehen soldt, ders gross geldt genossen
hette, und auch vaste selbst getrieben, und sie darumb sterben soltten.
Zum letzten bekant Güntzel, das Kuntz von Witzleuben inen in dem thorm
underrichtte, do der Rath zum ersten den Wissensehe an dem lobancke,
Raspinberger, und die von den handtwerckern, die man zum ersten auf-
hildt, die mit diesser sache bekümmert waren, was also ausgegeben, wann
sie der also viel triben und gestockt hetten, das die Gemeyn von den
Handtwercken und aus den Virteln nicht gestadt hetten, so hetten sie die
reichen leute alle zu hülffe genomen, und hetten dem Rathe und den Rethen ire ehre benomen und nidergeworffen, domit die gemeine vergangen

---

*) Temnitz das Gefängniss.
**) Hugo der Junge war 1341 Rathsmeister.
***) 1347 oberster Rathsmeister.
†) Die Abtheilungen des Gesammt-Raths, die jetzt nicht das Regiment
führten.

were. Witzleben sprach auch zu derselbigen zeit in dem thorm widder
Güntzeln, das er und seyne freunde und ire partheye vor nichts also gross
besorge und gefahr hette, denn das der Rath und die Rethe und die inen
gestanden, das gemeyne volck, das den schaden halff thun und auch die
Juden halff zu thodt erschlahen, und den grossen gehorsam gegen den
Viern *) und gegen dem Rathe brachen, das sie inen dasselbige auf das
mol vergeben werden, auf das, das sie sich widder vereynen mochten und
verbinden und dem Rathe widder gehorsam gemacht würden; wan dan
die vertracht bestünde als sie vor gewest were, so würden sie dan miteynander auf unsere freundt und auf die reichen leute fallen und würden
sie trücken, das sie es nun nicht mehr verwunden. Ander rede wart viel
mit ihme geredt und er redet auch viel widder, das man nicht alles hat
mogen behallten. Aber hieran leigt die grosse macht, wie die dauchten,
meinten, die mit im haben geredt auch des tages, als man die Juden
schlugk, do stunden die heubtleute zu allen Heiligen mit iren bannyrn
vor der kirchen, da kam Er Hug der Lange geritten zu inen und sprach:
was stehet ir hie, ir soldt gehen hinden vor die wallengassen und soldt
verwaren, ob die Juden daselbst woltten hinaus lauffen, und soldt fast auf
sie schlahen. Auch auf denselben tagk war er von dem Rathe und den
Rethen geheissen zu reden mit den Judenschlegern und sie zu bitten, das
sie die dingk aufhaltten woltten, bis so lange das der Rath und die Rethe
das geenden mochten mit besserem rathe. Darnach sprach er widder etlichen Judenschlegern: rüstet euch, endet was ir zu enden habt, euch hin-
dert hieran nymandt. Auch do dieselbigen bitt und rede von des Raths
und der Rethe wegen geschach zu den Judenschlegern, das sie die dingk
aufhaltten woltten, do sprach Er Günther Bocke zu den Judenschlegern:
ir sollet alle sprechen: Neyn.

Helwigk Goltschmidt sprach do er sterben soltt, do Johan von Tromsdorff
widder inen gesprochen hette, das viel leuthe in dem Rathe und in den
Rethen weren, den es lieb were, das man die Juden thötte, das er verwar
wuste, das sie nymandt daran hinderte, dass sie es frolich angriffen. Auch
sprach derselbige Helwigk, das es Gott geclaget were, das er sterben
muste, dan seines thodes mochte derselbe Johann am guthe wollen das er
lebete desto bass.

An. Dom. M. CCC. XLIX. do Johan Emchen die Judenschleger Sander
von Schmira, Conradt Strantz, Titzel von Wissensehe, der Junge an dem
lobancke, Apel von Gosler eyn lober, Heinrich von Raspenbergk, Titzel der
frawen der Gotschalcken sohn, Merten Voilspergk, Apel von Bichlingen,
Conradt Werners von Witzleuben sohn, Reynhart von Margkburk eyn zichener, Johan von Geysmar eyn schrötter, Titzel Ern Seghebart Hotter-
mans sohn, Herman Hase, Apel von Halle, Conradt Vierdelingk, Johan
Conrads von Bechstedt sohn, Henicke Ern Heinerichs von Bechstedt sohn
der zu Gotha wonet, Conradt und Johan von Madela gebrüder zichener,
Herman und Nicolaus Frechen vorm lober thore, Heynerich von Tasdorf
wollenweber, Johan von Linde der Junge, Dithmar Titzels von Elxleuben

---

*) Vierherren.

des wollenwebers sohn, Cunradt von Mölhaussen, Waldtwantzer auf der
langen stegen, Heinerich von Ostynriden, Heinerich von Schalcke, Johan
Styme vleischawer, Herman Nunneste schlosser, Nickel von Probesporn,
Jacoff Semandt, Hebestreit, Conradt Windtheim der schmidt, Johan Nickel
genandt, Horigk genandt Osterabent, Helffrich Aroll discher, Arnoldt Goltschmidt, eyner genandt Meldingk eyn lober, vnd Ern Johan von Eckstet-
ten sohn hinder eim Rathe und den Vieren eyne samelunge gemacht hatten, und diss zwischen eyner Gemein und deme Rathe zweigunge woltten
gemacht haben, und sie mit iren vollisten wider des Raths, der Rethe und
der Handtwercke willen die Juden geschlagen haben. Darumb dunckt
vnsern herrn dem Rathe, die Rethe und die Handtwercke von der gemeyne auf ire eyde, das die vorgenante leute und ihre volleister ire trewe
und iren eydt nicht bewarth haben, vnd habon oyntrechtigklichen dieselbigen von der stadt getrieben ewigklichen, also das sie bey dreyen meilen
der Stadt zu Erffurdt nicht nahen sollen. Würden sie aber der ichter
eyner begriffen innerhalb der dreyer meilen, es ginge inen an ir leben.
Dieselbigen vorgenanten vertriebenen leuthe haben eyne rechte vrfede und
trewen gelobt und geschworen zu den heilligen, stette und ganz zu haltten
und darumb nymandts zuuordencken noch zubeschweren mit wortten noch
mit wercken keynerley weyse, alle argeliste ausgescheiden.
     Enthalten in einem handschriftlichen Codex der Erfurter Magistrats-
bibliothek. Abgedruckt in: Zeitschrift des Vereins für thür. Geschichte u.
s. w. Bd. 4. S. 152—158.

Urkunde VI. S. 28.

Erzbischof Gerlach zu Mainz verträgt sich mit dem Rath zu Erfurt,
wegen der daselbst erschlagenen Juden. 1349, Sonnabend vor S. Margarethen.
     Wir Gerlach von gotis gnaden erczbischoff des h. stucls czu Meintze
etc. bekennen vnd tun kund allen luden, die diessen brieff sehen ader horen lessen, dass wir angesehen haben vnd ansehen manichfeltige vnd an-
geneme dinste, dy die weisen bescheidenen lüde, dy rathsmeister, rethe
vnd die bürger gemeiniglich vnsserer stadt czu Erffurdt, vnsern vorfaren
erczbischoffen vnd vnserm stiffte zcu Meintze dicke vnd vil erbotten vnd
getan haben vnd vns vnd demselben vnserm stiffte noch erbieten vnd getun mogen alle tage, vnd habe durch ire gunst vnd frundliche bitte vff
die geschicht, dy nuwelichen zcu Erffurdt an vnsern juden gescheen ist,
dy gemeinlichen doselbst vergangen vnd liplos worden sindt, genczlichen
vnd einfeltiglichen mit gudem willen vff dy egenandten vnsere burgero
gemeinlichen verczihen, vnd verczihen luterlichen von vns vnd vnseres
stiffts wegen an diesem selben brieffe; also das wir oder imandt von
vnser wegen vnd von vnsers stiffts wegen dieselben vnser burgere vmb die
vorgenannte geschicht nymmer hinfurtmer czu icheiner zcit miteinander
oder enczelen ansprechen oder beschweren sollen noch enwollen in keynerley weisse, alle argelist vnd guuerde vssgeslossen; wan wir von den erbarn luten Willelm v. Suwelnheim thumbherrn zcu Meintze, Niclauws
probste zcu s. Victor daselbst, vnsern heymlichen, vnd auch von andern

vnsern frunden wol vnd volleglichen sint vnderweiset, das die egemelten
rathsmeistere, die rethe, die viere von der gemeynde, dy zcu der czit der
vorgenanten vnserer statt vormundere waren, an derselben geschicht sich
also beweyset vnd bewart haben, dass inen das getruwelichen leid vnd
zcuwider war, vnd hetten das gerne geweret vnd das gestuwert, ob sy vor
libesnoit das getun mochten haben. Ouch in glicher weyss haben wir ver-
zcien vnd verzcihen luterlichen vf das, ob dy egenanten vnsere burger mit
einander oder enzceln vor vorgenanten geschicht, dy an den juden gescheen
ist, icht genossen han, vnd ob inen von derselben juden gute, vnd von
dem das sy gelassen han, wie das genant sy, icht gevallen oder worden
ist oder were, vnd sunderlichen vff alle dy gute, hoffe vnd hovestetten, dy
dieselben juden in Erffurdt gelassen han, wan dy genanten vnsere burger
sich in solche wysse mit vns vmb dy dickgenante geschicht vnd sich von
der stedte wegen darinnen also trefflichen gesaczt han, das wir vnd vnser
vorgenant stifft der geschicht ane schaden bliben, als in den brieven, dy
dy dickgenanten vnsere burger von der stadt wegen mit der stadt ingesigel versiegelt vns daruber gegeben han, volliglichen ist beschrieben. Wir
verzcihen auch sonderlichen vff alle dy schuldt, in welcherley wysse dy
ist, dy die obgenanten vnsere burger miteinander oder enzceln, vnd ire
besessene lüte, dy in iren dorffern, gerichten vnd gebieten gesessen sint,
den dickgenanten vnsern juden in dheiner wysse schuldigk waren vnd
schuldigk sint bliben; vnd ob dieselben vnsere burger derselben schuldt
icht genossen oder vortmer yn gevordern mogen, das ist vnser guter wille
vnd wollen ane argelist; dass ynen das blibe, pfaffen vnd klostere, geistlich
vnd werntlich vsgenommen. Daruber, wan dy obgenanten vnsere burger
vnd stadt sich gutlichen vnd fruntlichen geyn vns bewiessen, daran sonderlichen, dass sy vns zcu irem rechten herrn als einen erczbischoff zcu
Meintz williglichen vnd eyntrechtiglichen entpfangen vnd zcugelassen han
vnd vns als einen erczbischoffen zcu Meintz vnd als sy andern vnsern
vorfaren bissher getan han, zcu vnssern vnd vnssers stiffts rechten getruwelichen dienen wollen; dess han wir angesehen vnd han ynen gelobt vnd
geloben ynen offentlichen an disser schrifft, wer es, dass Gott nicht en-
wolle, ob sy miteinander oder enzceln von imandt, wer der were, darumbe
beleydiget wurden oder sy beschwerdte an lib oder an gute, das wir sy
dess verthedingen, verantworten vnd darwider schutzen vnd schirmen wollen, vnd ynen, so wir best mogen vnd konnen, mit rath vnd hülffe darwider beholffen sin vnd bystendtig sin, getruwelichen vnd ane allerleige argelist vnd widerrede. Vber das geloben wir ynen, vnsern egenanten bürgern, dass wir vns mit vnsern widersachern, vnd besonders mit hern
Heinrichen von Virneburg, der etwan erczebischoff zcu Meintze was, mit
Cunen von Falkenstein, der sich annimpt zcu syn ein vormunder vnsers
dickgenanten stiffts, noch mit iren helffern oder dienern, nicht frieden
noch sünen wollen, wir wollen die egenanten vnsere burger vnd dy stadt
nemlichen darin nemen; noch keyne rachtunge vnd sune mit inen angeen
oder nemen in keynerleige wysse, wir wollen vnd ensollen dy obgenanten
vnsere burgere vnd dy stadt by allen disen vorgeschrebin reden vnd stucken
gentzlichen behalten vnd bestellen, dass dy alle ane argelist stet vnd gancz

vnuorbruchlichen gehalten werden. Wir bekennen auch, dass wir mit diesen vorgeschrebinen reden mit den obgenanten vnsern burgern vnd der
stadt vmb alle zwidracht vnd vflaufte vnd ob wir icheinen vnwillen biss-
hero wider sy gehabt hetten, gutlichen vnd fruntlichen gesunet sint vnd
verrichtet, vnd dass wir sy als andere vnsseres stifftes getruwen zu allen
iren nöten getruwelich verthedingen, schützen vnd schirmen wollen, vnd
wir vnd auch vnsere pfaffheit die vorgen. vnsere burgere vnd dy statt by
allen iren rechten, eren vnd friheiten, als sy dy von alter bisher bracht
han, sollen lassen bliben. Auch geloben wir den obgen. vnsern burgern
vnd der stadt zcu Erffurdt, wan vnd zcu welcher zeit wir mit vnsserem
capitel versunet vnd eintrechtig werden, dass wir sy binnen sechs monden
allernehest danach darczu stellen vnd halten wollen vnd ensollen, dass sy
alle dese vorgeschrebin stucke vnd artikele stet vnd gancz halten vnd des
ire brievo mit ires capitels ingcsegil versegilt geben sollen, ane allerleige
argelist vnd geverde. Mochten aber wir binnen den vorgen. 6 monden
inen dy brieve nicht geschicken noch das geenden, so ist vnser guter wille,
dass die egen. vnsere burgero vnd die stadt Erffurte die 100 mark gulde
von den juden als lange behalten vnd innehaben, biss das wir ynen vnsers
vorgen. capitels brieve geschicken. Alle dysse vorgeschrebine stücke vnd
artikel han wir gelobet vnd geloben in guten truwen stete vnd vnuorbruchlichen zu halten, vnd han dess zcu merer sicherheit diesen brieff versegilt
mit vnserm grossen Ingesegil gegeben. Das ist gescheen nach Christi geburt 1349, vf sonabindt vor s. Margarethe. —
(Cop. im Stadtarchiv zu Erfurt.)

Urkunde VII. S. 28.

Des Raths zu Erfurt Revers, dass er den Erzb. Gerlach als den rechten Erzbischof von Mainz erkenne und Vergleich mit demselben wegen
der Judenschlacht. 1349, sabbato ante Margarethe.

Dyesser nachgeschriben brieff sagt von denn hoffenn, so vorzceiten
der Juden gewest sint vnd der Rathe zcu Erffurdt itzt vorfryet, vnd nemlich: so offte solche vorkaufft werden, das meynem Gnedigen Herrn
dauon werden solle alss von anderm frey vnd sunst vil anders mer; man
fynt Ine zcu Mentze In des Capittels gewolbe Im Isern kore. Wir Hugk
der lange, Johannes von Driuorte, Hartung von Gota, Johann von Vtinss-
berg, Ratissmeistere, Heinrich von Tenstete, Heinrich von der Sachssen,
Hartunge Hern Ernns, Conrat von Nusecze, Ticzel von Herversleuben,
Ludewigs Spange, Conradt von Lengefelde, Herman von Backeleybenn,
Johannes kune von Butstete, Herman Gropffer, Johannes von liebestete,
Merten von Muchele, Heinrich von Remde, Conradt von Hamerstete, Heinrich von Helderungen, Bertoldt von Oberingen, Johannes Mondener, Johannes von Wymar, Hartung von Hattenstete, Bertoldt von Lutenberg,
der Rath; Heinrich von Sultze, Dytmar von Monre, Ludewig von Guttens-
hussenn vnd Friederich von Tieffentale die vier von der Gemeyne vnd die
burger gemeynlich der Stadt zcu Erffurte Bekennen vffentlichen vnd thun
kunth allenn leuthen die diessen brieff sehen ader horenn lessen, das wir
von dem allerdurchleuchtigistenn vnd vnserm Herrn Herrn Carle Romischen

Konige vnd Konige zu Behemen, von andern fursten, Herrn, steten vnd
von guten pfaffen gestlich vnd werntlich williglich vnderwiesset vnd vnder-
richtet sint, das wir den Erssamenn Herrn Ern Heinrich von Virneburg,
der etwan Ertzbischoff zcu Mentze wass, vorbass mehir myt keynem dynge
ader an keynen sachen vorbunden gehorssam ader vndertenig nicht seyn
sollen als eym Ertzbischoff zcu Mentze, wan Ine vnsser heyliger vater der
Babist myt Rathe seyner Cardinele von syner Bebstlichen gewalt myt
rechten vrteyln von dem Ertzbischtum entsatzt hat, als er schreibt an
seynen briefen die wir newelichen darvber gesehen vnd gehort haben
lessen; vnd das wir vnd alle die, die dem Stifft zcu Mentze zcugehören
vorbass mehir gehorsam vnd vntertenig seyn sollen dem Erwirdigen in
Got vater vnd herrn vnsserm herrn Gerlach Ertzbischoff zcu Mentze, den
derselbe vnsser heyliger vater der Babst an des vorgenantem Hern Hein-
richs' von Virneburg stadt zcu eynem Ertzbischoff gegeben vnd gemacht
hat vnd synt dem mal das der egenante vnser Herre Herr Gerlach Ertzbischoff von den Erbarn leuthen Ern wilhelm von Sauwelinheym Thum-
herrn zcu Mentz vnd Niclaus probst zcu sant victor daselbst seynen heymlichen vnd auch von andern seynen freunden gentzlich vnd williglich
vnderweyset ist, dass vns den Ratismeistern dem Rate vnd den Rethen,
den viern von der gemeyn der Stadt zcu Erffurdt die zcu der Zceyt der
Stadt vormunder waren, getrawlich leyd wass vnd noch leyd ist, das wir
vnss daran volliglich beweyset haben vnd noch beweysen alle tage das die
Judenn zcu Erffurdt bey vns erschlagen vnd verbrant wurden; das hat
der genant vnsser Herre angesehenn vnd hat von seyner vnd seyne Stiffte
wegen vercziehen auff dieselbige geschichte, die an den Judden gescheen
ist, uff vns vnd alle die, die vns vnd die Stadt angeboren, vff alle an-
sprache verzciegen derwegen, die er zcu vns vnnd Inen darumb gehaben
mochte, auch hat der vorgenannt vnsser Herre Herre Gerlach gnediglich-
chenn vorzcigenn vff alles das gute das vns der Stadt von derselbenn geschichte geworden ist, wie das genant sey oder wilcherleye das were; vber
das hat er auch gnediglich vorzciegen auff alle die schult die wir vnd die
leuthe die vns vnd die Stadt angehorenn, den vorgenanten Juden sint
schuldigk blieben, pfaffen vnd clostern geystlichen vnnd werntlichen, vss-
genomen, also das er ader nyemant von syner ader syns Styffts wegen
dieselben schult an vnss an der Stadt ader an den vnssern nymand gefordern sall ader darvmb ansprechen In keynerleye weyase, als Inn den brief-
fenn Die derselbige vnsser Herre darvber gegeben hat, volliglichenn ist
beschriebenn. Darvmb wann der obgenant vnsser Herre vns vnd der
Stadt diesse gnade vnd freuntschafft williglich gethan hat, so haben wir
vns auch widder freuntlich gegen Ime vnd seynen Stifft beweysset, als wir
mogelichen vnd billichen thun sollen vnd sunderlich vmb das, das alle
dinck deste freuntlicher vnd gutlicher zwischenn vnsserm obgenanthenn
Herrn vnd seynem Stiffte vnnd vnss bleibenn vnd bestebenn mogen, So
habenn wir gelobet vnd gelobenn an dissem brieffe, das wir Ime seynen
nachkomen vnd seynem Stiffte den freyen Zcinsse den die Juden gaben
da sie lebeten vnd schuldig warenn zcu gebenn, eym Ertzbischoff zcu
Mentze vnd seynem Stiffte von den Höffen, die derselben Juden waren vnd

da sie an das freye geschrieben waren, das wir dan furbas mehir
von der Stadt wegenn geben vnd reychen sollenn vnd wollenn mit allem dem rechtenn, die der Stifft von alter daran
gehabt hat vnd mit namen jhe begriffenn vnd geredt. Ob
wir die vorgenanten höffe ader der eynenn furbass vor-
keouffenn, Christen leuthen ader Judenn, das vnsser vorgenanter Herre seyne nachkomen vnd seyn Stifft Mentz von
des Kauffes wegen, ob er geschee davon nemen sollenn als
von anderm freyenn guthe, das zeu Erffurdt vorkaufft wurde.
Auch haben wir angesehen das vnsser vorgenanter Herre
vonn Mentze vnd seyn Stifft an denselben Juden da sie lebetenn alle
Jare hundert marck lotiges silbers geldes hattenn vnd das dem Stiffte
schedelich were, ob er die vorliessen solt vnd seynt des mit dem obgenanten vnsserm Herrn vnd seynen heymlichen, die das volle moge vnd macht
hatten, von seyner vnd seyns Stiffts wegen guttlichen vnd freuntlichen
vberkomen, das wyr vnd vnsser nachkomende von der Stadt wegenn zeu
Erffurto vnsserm vorgenanten Herrn gelobt habenn vund geloben Ime seynen nachkomenn vnd seynem Stifft an diesser schrifft, das wyr Ime vorgenannte hundert margk silbers geldes alle Jare reichen vnde geben sollen
vnd wollenn vff sanct Martins tagk, als sie die obgenanten Judenn pflagen
zeugeben, ane hinderniss vnd argelist vnd widderrede, also bescheyde-
lichen vnd mit solicher vnderrede, were das hiernach ander Judenn bey
vnss zeu Erffurdt widder quemenn vnd wohnhafftig wurdenn vnnd der
also viel als reych vnd mechtigk wurdenn, das sie die vorgenanten hundert marck Silbers geldes Eym Ertzbischoff wol gegebenn vnd gereychen
mochtenn, So sollenn dieselbenn Judenn die hundert margk lotiges silbers
geldes alle Jare reychenn vnd gebenn vnd sollenn dan wir vnd die Stadt
zeu Erffurdt derselben gulde furt mehir zeugebenn ledigk vnd loess seyn,
allerleye argelist vssgescheyden. Es sall auch vnsser vorgenanter Herre
seyne nachkomenn vnd seyne stiffte, ob Juden widder bey vnss siddelhaft
wurdenn, vber dieselben Judenn geystlich vnd werntlich gericht habenn
vnnd behaldenn vnd die schutzen vnd schyrmen vnd dieselbenn soltenn
auch der Stadt burdenn vnss helffenn tragenn, als das von alter herkomenn
ist, auch sollen wir den egenannten an vnsserm Herrn vnd seynem Stiffte
williglich vnd gerne dyenenn zeu allem Irenn rechtenn vnd Inen vnd seyne
Pfaffheyt by allenn rechten Eren vnnd freyheitenn, als sie von alter byss-
her bracht hann lassenn bleybenn; dieselbie pfaffheit soll vnss vnd die
Stadt bey allem rechtenn, erenn vnd freyheyt, als wir von alter bissher
bracht habenn auch widder blieben lassenn. Alle diese vorgeschrieben
stucke vnd artickele habenn wir gelobet vnnd gelobenn Inn guthenn
trowenn stete vnd gantz vnuorbruchlich zeuhaltenn vnnd habenn dess zeu
morer sicherheyt dem dickgenanten vnsserm Herren vnd seynem Stiffte
diessenn brieff mit der Stadt zeu Erffurdt Ingesigell vorsigelt darvber gegebenn Das ist geschehenn nach Christi geburt Dreyczehen hundert vnd
im neun vnd virczigisten Jahre vff denn Sonnabent vor sanct Marga-
rethentage.

(Im Staatsarchiv zu Weimar, auch Falkenstein l. c. S. 231.)

Urkunde VIII. S. 38.

Des Grafen Johann von Schwarzburg und seiner Bürgen Schuldbrief für den Judenmeister Elias und Consorten in Erfurt über 400 Pfund Erfurter Pfennige. 1371, Freitag vor Johannis des Täufers Tag.

Wir von der gnade gotis Graue Johannes von Swarczburg herre daselbins vn czu Lüchtenberg vnn alle vnsz erben selbstschuldige, grafe Gunther von Swarczburg herre daselbins, graue Ernst von Glichin, herre daselbins, Graue Gunther von Kebernberg herre daselbins, Herre Herman von Kranichfeld herre daselbins, er Ditterich von Yschirstete, Otto von Grusen, Voyt czu Madela, Otto von Grusen, Voit czu Swarczburg, peczold von Grishoym, Heinrich Schike von Madela, Conrad von Sloben, burgen Bekennen offinlich an desim brife allen guten luten, daz wir recht vn redelich schuldig sint elyas von Brunouwe Meister czu Erforte, Ityfken siner clichin Wertynne, schalam von Brunouwe, lesir von der Legenitz vnd allen iren erben Juden czu Erforte geseszen vir hundert phund guter Erfortischer phennige, die wir en genczlich vnd gutlich globen czu beczalene czu Erforte in der Stad uff den achtezenden tag nach Winachten der nest czu kunftig ist. Gesche auch, daz die vorgenennte süme geldis noch der obgenennten gelter czit lengir stunde, so globen wir den egenennten Juden darnach uff iczlich phund phennige bisundern in yder wochin eynen gute erfortischen phennig der vorgenente were czu gesuche czu gebene, daz vorgenente geld gesuch botelon vnd busegeld ab si daz daruff teten globen wir by vnszen guten truwen mit gesampter hant den obgenennten Juden genczlich czu leisten vnn czu beczalne czu Erforte in der stad wan wir dar nach von yn gemand werdin mit phanden adir mit phennigen, das den Juden wol an gnugit adir czu Erforte in Riten, Inleger darhalden vf vnszs selbis phennige vnn koste als Inlegirs recht ist ectr. Gegeben nach Cristi geburt dryczenhundert Jar In dem eyn vnn sobinczigisten Jare an deme frytage vor Send Johannestage taufers.

Urkunde IX. S. 38.

Des Grafen Hans von Schwarzburg und als Bürgen für ihn mehrerer Grafen und Herrn des Thüringer Landes Schuldbrief für den Judenmeister Elias und Consorten in Erfurt über 591 Pfund Erfurter Pfennige. 1373; Freitag vor Mittfasten.

Wir graue Hans von Swarczburg, herre daselbins vn alle vnsze erben selbschuldige Graue Gunther von Swarczburg herre daselbins, graue Ernst von Glichen, herre daselbins, graue Heinrich von Honstein, graue Heinrich von Lutenberg, graue Otte von Orlamunde, herre czu Lewensteyn, Herman von Cranichfeld, herre daselbins, herr Ditherich von Yschirstete, Her Hartman Holbach ritter, Heinrich Schike, herr Peczold von Gryzheim, Ebirhard von Wiczeleiben burgen, Bekennen offinlich an desim brife allen guten luten, daz wir recht vnd redelich schuldig sint, Elias Judenmeister czu Erforte, Ryfkan siner clichen Wertynne, Goldan eberusch, Wecwyn schalan, mordachyn yren sonen, schalam von Brunow, schalam Ilazin, synen swegern

Juden geseszen czu Erforte vnn allen iren orben funff hundert phund guter Erfortisscher phennige vnn ein vnn nuenczig phund guter Erforter phennige, dy wir en gutlichen vnn genczlichin geloben czu beczalne czu Erforte in der stad uff Winachten, die nest czu kunftig werden ane Argelist. Gescheh ouch, daz di vorgenente sümme geldis noch der obgenennten geczit lengir stunde, so globen wir den obgenenten Juden dornach uff iczlich phund phennige bysundern in yder wochin dry gute Erfortissche scherff czu suche czu gebene, daz vorbeschriben geld, gesuch, botelon, buse geld, vnn waz mogeliches schaden sy dar uff teten, globen wir by vnszern guten truwen mit gesampter hant den obgenanten Juden genczlich czu leisten vnn czu beczalne czu Erforte in der Stad, wanne wir darnach vou yn gemand werden mit phande adir mit phennigen, da den Juden wol an genuget adir czu Erforte Inriten, Inlegir darhalden. Gegebin nach Cristi geburt dryczenhundert Jar In dem dry vnn sybinczigisten Jare an dem Fritage vor Mytfasten.

Urkunde Xa. S. 38.

Des Grafen Hans von Schwarzburg und seiner Bürgen Schuldbrief für den Judenmeister Elias und seine Hausfrau über 400 Pfund Erfurter Pfennige. 1375, Donnerstag nach Michelstag.

Wir graue Hans von Swarczeburg herre daselbins vn alle vnszer erbe selbstschuldigen, Graue Heinrich von Swarczeburg, herre czu Dinstele, graue Henrich von Swarczeburg, herre czu sunderhusen vnn graue Otte von Orlamunde herre czu Leuwenstein borgen, Bekennen offenlich an desim brife allen guten luten, daz wir recht vn redelich schuldig sin Elyas Judenmeister czu Erforte, Ryffekan, siner elichen wirtynne vn allen iren erben Juden geseszen czu Erforte vir hundert phund guter Erfortischer phennige di wir yn gutlichen gelobin czu bezalen uf Winachten, die nest czu kunftig werden ane argelist. Gesche des nicht, so geloben den obgenanten Juden darnach uff igliche phund phennige bi sundern in yder wochen dry gute scherf der vorgenennten Were czu suche czu gebene. Daz vorgeschribene geld, gesuch, botelon, busegeld, czerunge vn waz mogelichis schaden sy dar uf teten globen wir bi vnsern guten truwen mit gesamter hant den obgenennten Juden genczlich czu leisten vn czubeczaluc czu erforte In der stad wenn wir darnach von yn gemand werden mit phanden adir mit phennigen, da den Juden wol ane gnugit adir czu Erforte inryten Inlegir dar halden uff vnsz selbis phennige vn koste also Inlegirs rechten ist etc. Gegebin nach Cristi geburt dryczenhundert Jar in deme funff vn sybenczigisten Jare am Dunnerstage nach send Michilstage.

Urkunde Xb. S. 38.

Des Grafen Johann von Schwarzburg und Consorten Abrechnung mit den Erfurter Juden über deren Schuldforderungen. 1377, Mittwoch vor Laurentientag.

Wir graue Hannes von Swarczburg, herre da selbins, Peczold von Grishoym, Ebirhard von Wiczeleiben vn Otto von Grusen Graue Hans

Voyt bekennen vnd thunt (kund) an desen offen brife allen guten luten, die en sehen adir horen lesen, daz wir dry brife rechte vn redelich gerechint haben mit Elias judenmeister, Ryffikan einer elichen wertynne, golda eberusch, Wiclyn, Schalam vnn mordachyn yren sonen, Juden gesetzen czu Erforte vnn alle iren erben. Der erste briff lut vnn behelt sechs hundert phund phennige mynre IX phund phennige heybitgutes, der ander lut vnn behelt vir hundert phund phennige heybitgutes, der dritte brif XII schog guter myssener groszen hoibytgutes, daz dy summe gloufen vnn worden ist aller rechnunge hoybitgutes vnn gesuch uff czwei vnn czweinczig hundert phund phennige ane funf phund phennige, guter phennige, die czu Erforte genge vnn geneme vnn vnvorslagen sin; die obgenante sümme geldes glowe wir in guten truwen mit gesampter hant by vnserm Eyde gutlichen vn vnvorzogelichen den vorgenennten Juden vn wer desin brif ynne mit der Juden guten willen czu leisten vnn czu beczalne uf sulcho tageczyt alzo hir nach geschriben stet. vir hundert phund phennige uff Wynachten di nest czukunfftig sint nach gebunge desz brifis vnn funfhundvrt phund phennige uff send Walpurgen tag der nest dar nach kümmet vn vir hundert phund phennig uf send Mertenstag, der dar nach nest wirt vnn funf hundert phund uff send Walpurgen tag, der Allir nest darnach volgit vn denne darnach vir hundert phunt phennige ane funf phund phennige uf send michils tag der aller schirest darnach kummet an alle argelist, ufczogen noch hinderuisze, vnd wo wir die obgenannte summe geldis nicht bezalten noch enleiste uff iczliche tageczyt, alzo hir vorgeschriben stet, so globen wir dar nach iglicher tageczyt uff iczlich phund phennige bysonndern in II phennige der wochen, dry gute scherff der vorgenante were czu gesuche czu gebene an alle widerrede, Inleger etc. Gegeben nach Cristi geburt dryczenhundert Jar In den seben vn sebinczig sten Jare an der mitwoch vor send Laurencien tage.

(Urkunde VIII. bis X b. aus dem Weimarischen Staatsarchiv.)

Urkunde XI.   S. 44.

König Wenzeslaus entlastet den Rath zu Erfurt der Juden und anderer Gebrechen wegen und nimmt ihn in Schutz. Nuremberg, Donnerstag vor Judica 1391.

Wir Wentzlaw von gotes gnaden Romischer kunig zu allen zeiten merer des Reich, vnd Kunig zu Beheim, Bekennen vnd tun kunt offenlichen mit Diesem briue allen den, Die In sehen oder horen lesen, das wir vns mit dem Rate, Burgern vnd Stat zu Erffurte vnsern vnd des Reichs Liben getrewen gutlichen vnd fruntlichen gceynet, gesatzt und gericht haben vmb alle gebrechen vnd Zuspruche, Die wir bisher zu In gehabt han, vnd besunder, als von der Juden wegen Doselbist, also Das wir oder ymande anders, von vnsern oder des Reichs wegen sie oder ire nachkumen furbasmer als von der Juden wegen, Die yetzunt bey In sind, oder hernach bey sie gwomen, von Keinerley sachen, welcherley die were oder entsten mochte, nicht sollen noch wollen anlangen, zusprechen, hindern, noch beschedigen in keinerweis, sunder was wir oder vnser nachkumen Romische Keiser vnd kunige oder ymande anders, von der Juden wegen, anlangunge oder Zu-

spruche haben oder Gewunnen in kumftigen Zeiten —, Das sullen vnd
wullen wir, oder die tun ansprechen vnd vstragen kegen dem Erzbischoff
vnd dem Stiffte zu Meintze, vnd die obgenanten von Errforte oder die
iren domite vngemuet vnd anrede lassen, vnd sullen sie auch furbasmere
bleiben bey aller freyheit, eren, wirden, rechten, vnd gewonheid, als sie
vor gewesen sind, vnd von alders herkumen ist, dortzu haben wir In ouch
gantze moge vnd macht gegeben vnd geben gegenwirticlich mit gantzem
wissen vnd kuniglicher mechte volkumenheid, das sie aller der schulde,
houptgeltes vnd gesuches, der sie oder ire Burgere, mitwoner, vndersessen
oder vndertan, den Juden zu Errforte, oder andere Juden, wo die ouch
wonhaftig oder gesessen sind, schuldig sein, oder geborget haben, oder
selbgelden worden sind vf sich Selber oder vf andere Lute oder burgen
worden sind, oder Wechsel getan haben kegen die Juden oder mit In in
welcherley weise das ouch geschehen ist vnd aller pfande, die do fur stunden, oder gesatzt weren, sullen gantze moge vnd macht haben Zuuorlassen
oder selbis vfzuheben, einzunemen, vnd in iren nutze zuwenden, vnd domite
Zutunde, Zuorden vnd Zuschicken, wie In das beheglich ist, vnd wie sie
das schicken, orden, oder machen, also sol das bleiben, vnd gute muge vnd
macht haben, vnd sullen wir oder ymands anders sie doran nicht hindern
noch beschedigen die gnade die wir fursten, Grafen, herren vnd andern
Luten gemeinlichen getan haben, Also Doch das Diselbe gnade in allen
andern iren punkten vnd artickeln als die begriffen ist, vnuorrucket, vnd
in gantzer moge vnd macht bleibe. wer ouch ymande Den Juden zu Erfforte semplichen oder sunderlichen schuldig, Der oder Des Herre oder
Lande, Stat, Sloss oder Dorff, Do der wohnhaftig were, als diser briue gegeben ist, vnd vor Datum Ditz briues sich mit vns nicht gerichtet vnd
gesatzt hette, noch vnserm willen als von der Juden wegen noch dem als
yetzunt einlowft ist, oder ob In yemande schuldig worden were, noch Datum der obgenanten vnser gmeinen¡ gnaden, Die schulde mogen vnd sullen die Juden einfordern vnd einnemen, dortzu wir In ouch gantze muge
vnd macht geben, doch mit solcher vnderscheid, ob sich hinach kein furste,
Herre, oder sust wer der were, der den Juden zu Errforth schuldig ist,
mit vns richten wurde, So der in vnser gnade kumet, vnd der vnser brive
hette, Der soll denn ouch Diser gnaden gebrawchen. Was ouch die Juden
pfant haben fur schulde Die sie vor Datum Dises briues nicht verkawft
oder voreussert haben, Die sullen sie widergeben, wolde sie ouch ymande
vmbe sulche pfant anelangen, Die alre noch Datum Discs briues solten gehabt haben, vnd sie der nicht bekentlich weren, So sollen Die Juden einen
eyt dofur tun, vnd domite Der anspruch ledig sein, So haben wir ouch die
vorgenanten Rate, Burgere vnd Stat Zu Errforte, vnd die iren, Ir leibe
vnd gute genomen, vnd nemen sie gegenwerticlichen in vnser vnd des
Reichs fryde vnd geleyte, schutzunge vnd beschirmunge in allen Landen,
vnd vff allen strassen, vnd han sie dortzu gefreyet vnd begnadet, freyen vnd
begnaden sie gegenwertilichen mit gantzen wissen vnd kuniglicher mechte,
volkumenheit, Das sie oder die iren, oder Keinen Der iren semptlichen
oder sunderlichen, vmb keinerley sache, schulde, oder Zusprache, welcherley die ist, oder werde, oder entstunde in kunftigen Zeiten, nyemant was

wesens, wirdickcit Der oder Die ouch ist, oder sind, fur vns, oder vnser nachkumen, oder fur Des Reichs hofgerichte furbasmere, nicht laden oder heischen sol oder Laden oder heischen lassen, vnd ab das von yemanden geschehe, wissens, oder vnwissens, So sol man sie wider weisen mit der sache gen Erffortt fur des Ertzbischofs von Meintze gerichte, do sie dann der sache Zurecht steen, vnd dem Schuldiger rechtes pflegen sollen, vnd sol man Das tun als Dicke des note geschicht, als das von alders herkumen ist, Ouch haben wir sie sunderlichen begnadet, freyen vnd begnaden sie mit gantzem Wissen vnd kuniglicher mechte, Wer es ab wir, oder vnser nachkumen, Romische keyser oder kunige, oder das Romische Reiche, Keine vehede, kryge oder vnwillen hetten oder gewunnen in kumftigen Zeiten, kegen Die egenanten Rate, Burgere oder Stat von was sachen Das were, oder entstunde, Das Dieselben Rate, Burgere vnd Stat Zu Erffortt vnd die iren vnd Ir leibe vnd Ir gute dornach sullen fryde vnd geleyte haben Zwen gantze Monde in allen Landen, vnd vf allen strassen ane geuerde, Mit urkunt Dis briues vorsigelt —, mit vnser kuniglichen Maiestat Insigel, Geben zu Nüremberg noch Cristes geburd, Dreizehen hundert Jare, vnd darnach in dem Ein vnd newntzigistem Jare Des Donnerstags vor Dem Suntag, als man singet Judica in Der Vasten, Vnser Reiche Des Behemischen in dem Acht vnd Zweintzigistem vnd des Romischen in dem fumfzehenden Jaren.

(Cop. in Privatbesitz.)

Urkunde XII. S. 45.

Des Kaiserlichen Hofgerichts Urtheil in Sachen des Grafen Berthold von Henneberg gegen die Stadt Erfurt und die Juden daselbst wegen verweigerter Pfänder-Auslösung. D. Prag, 1392; den 9. März.

Wir Johan von Sponheim, Graven Johanns sun von Sponheim des Jungen sazzen zu Gerichte zu Prage an stat des allerdurchluchtigisten etc. Hern Wenczlawes Romischen kunigs etc. vnd tun kunt mit diesem Brieff, daz fur vns kom in gerichte mit fürsprechen der Edle hochgeboren Herre Her Berchtolt Grave zu Hennenberg vnd vordert seinen ersten tag vff die Burgermeistere, die viere, den Rate vnd die Burger gemeinclichen arm vnd reich, der stat zu Ertfurt, vnd sunderlichen vff die Juden gemeinclichen doselbst, daz sie do seiner Swester ire pfant vnd cleynot vorhilten, als vnser Herre der kunig allen Fürsten vnd Herren die gnade getan hat, noch vzweisung sulcher Brieff, die man darüber gegeben hat. Also trat dar vor vns in Gerichte mit fursprechen der obgenanten von Ertfurt bote Herman von Urbech vnd bat vns zu fragen einer vrteil, ob man sein Herren von Ertfurt icht pillichen vud zu Recht weysen solt an die stat, do sie zu Recht antwurten solten noch sulcher Brieff vnd Priuileygen, die sie von vnserm obgenanten Herren dem Romischen kunig heten. Do fragten wir die Ritter vmb, die bey vns an dem Rechten sazzen vff ir Eyde, was sie recht dewcht; die erteilten eintrechticlichen, der obgenannt von Hennenberg oder sein gewalt, wen er darzu schickt gen Ertfurt, die solten do vordern Recht noch der Fürsten, Herren, Rittern, knechten vnd Steten Brieff lut vnd sage, die sie von dem kunig heten; mocht ym do ein genuge geschehen, daz solt er nemen, gescheh im des nicht, so solt er seinen ersten tag erstanden haben vnd solt darnach aber geschehen, was recht wer. Dez zu vrkunde geben' wir in mit vrteil disen Brieff vorsigelt mit dez Hofgerichts-Insigel an Sunabent vor Reminiscere, nach Cristus geburte 1392. (Original im Stadtarchive zu Erfurt.)

Urkunde XIII. S. 48.

Der Römische König Sigismund befreit die Juden in Erfurt auf 10 Jahr von allen Steuern und sonstigen Pflichten. D. Costnitz 1417, den 27. August.

Wir Sigismund von Gottes Gnaden Römischer König, zu allen Zeiten Mehrer des Reichs und zu Ungarn, Dalmatien, Croatien etc. König bekennen und thun kund offenbar mit diesem Briefe allen denen, die ihn sehen oder hören lesen, dass wir die Gemeinschaft der Juden zu Erfurt sämmtlich und besonders, der Männer und Weiber, ihr Leib und Gut, ihre Kinder und Gesinde, die itzund zu Erfurt wohnhaftig sind und binnen zehn Jahren, die nächst nach Gebung dieses Briefes nach einander folgen, daselbst wohnhaftig werden, von unserer königlichen Macht und Gewalt wegen begnadet und gefreihet haben also: dass die vorgenannte Gemeinschaft der Juden sämtlich und besonders von uns und allen der Unsern wegen die vorgenannten zehn Jahre nach Gebunge dieses Briefes nächst nach einander folgend, aller Pflicht, Steuer, Dienste, Bede und Busse, wie man denn die erdenken möchte, und wie sich die auch bisher verlaufen haben oder noch in zukünftigen Zeiten verlaufen möchten, zumal nichts ausgeschlossen, fortmehr gänzlich vertragen, frei, quitt, ledig und los sein sollen, und dass sie auch bei aller Freiheit und Ehrbarkeit, als sie vor gewesst sind, fürder diese Zeit aus unbeschwert bleiben sollen. Und wir, noch jemand von unsern wegen, weder Christen noch Juden, sollen noch wollen binnen dieser obgenannten Zeit an der vorgenannten Gemeinschaft der Juden, noch an ihrer keinen besonders keines fordern noch fordern lassen, sondern sie, ihr Leib und Gut und ihr jegliches besonders sollen die obgenannte Zeit aus sicher und frei sein aller Beschwerung und Leidung, wie man die erdenken möchte. Wir sollen auch noch wollen in Zeit dieser Gnade keine Briefe, Gebote noch Verhängniss über sie geben noch gelten lassen, die sie an Leib oder Gut, an ihren Briefen oder Pfändern beschädigen möchten. Wäre es auch, dass den obgenannten Juden sämmtlich oder besonders binnen dieser vorgeschriebenen Zeit jemand etwas (icht) zuzusprechen hätte oder zuzusprechen gewänne, der soll das thun vor dem Rathe zu Erfurt und nirgend (nyndert) anders, und dann sollen sie wegen (vmb) solcher Zusprache davon kommen mit einem Ja oder Nein; wollte sie aber jemand überzeugen, um was Sache das wäre, der soll sie anders nicht überzeugen, denn mit frommen Christen oder Juden, daselbst zu Erfurt in der Stadt gesessen, und nicht mit Christen allein, noch mit Juden allein. Hätten wir auch von dieser unserer vorbeschriebenen Gnade irgend welche (icheyne) Briefe, Gebote oder andere Gnade gegeben oder gethan, oder noch binnen dieser vorgeschriebenen Zeit gäben oder thäten, wie das käme, die die obgenannten Juden an Leib, an Gut, an Briefen, Pfändern, Schulden oder anders an dieser vorgeschriebenen unserer Gnade und Freiheit beschädigen möchten, die sollen zumal keine Macht haben, und widerrufen und vernichtigen die auch mit Kraft und Urkunde dieses Briefes. Aber diese unsere königliche Gnade sollen noch wollen wir binnen diesen vorgeschriebenen zehn Jahren nicht widerrufen in keiner Weise ohne Gefährde. Wir wollen auch und gebieten ernstlich allen unsern und des Reichs Unterthanen, dass ein jeglicher, was Wesens oder Würdigkeit der sei, er sei Christ oder Jude, diese unsere Gnade an den obgenannten Juden diese vorgeschriebene Zeit aus stät und fest halten und der in keiner Weise verrücken noch überfahren sollen bei unsern und des Reiches Hulden und Gnaden; doch soll die vorgenannte Jüdischheit der goldnen Opferpfennige alle Jahr, gleich anderer Jüdischheit im Reiche gesessen, bezahlen, als wir auch unsere kaiserliche Crönung empfangen haben; was uns alsdann andere Jüdischheit im Reiche gesessen thun wird, das soll uns die vorgenannte Jüdischheit zu Erfurt auch thun ohne Gefährde. Mit Urkunde dieses Briefes, versiegelt mit unserer königlichen Majestät Insiegel; gegeben zu Kostnitz, nach Christi Geburt 1417 Jahre des nächsten Freitags vor S. Egidii Tage; unserer Reiche des Ungarischen etc. in dem 31sten und des Römischen in dem 7ten Jahre.

Ad mandatum domini regis.

Joh. Krichen.

Sub dato: Gegeben im Felde bei Griechisch-Weissenburg 1427, nach Christus Geburt 1427, am nächsten Dienstag nach S. Michels Tag, des Ungarischen etc. Reiches im 41sten, des Römischen im 18ten, des Böhmischen im 8ten Jahre — erneuert König Sigismund vorstehende Verschreibung wörtlich auf weitere 6 Jahr.

(Aus einer Copie übersetzt.)

Urkunde XIV. S. 49.

Schuldbrief eines Bürgers zu Erfurt für einen Juden daselbst. 1445, den 4. August.

Ich Kerstan Stokeritz Burger czu Erffurt vnd Byge, sien eliche Wertynne Bekennen eintrechtiglich vor vns, alle vnsere erbin vnd thun kunt an dissem uffin Briefe, das wir rechit bekentlicher Schult schuldig sint Isacke von Arnstede, Granam syme sone, Juden czu Erffurtte gesessin vnd orin erbin adir wer dissin Briff mit orem guten willin innehad 15 wolwichtige gute rhinsche gulden; dio wile dy vnuorgulden sint, geloben wir in guten waren truwen, den genannten Juden ye uff einen gulden besundern iu ye der wochen einen nuwen phennig landissperger czeychine czu gesuche czu geben vnd danne houptgeld, gesuch vnd was mogelichs schaden sie daruff tedin adir gewant hettin, gutlich vnd genczlich czu beczalne czu Erffurt in der stad, wanne wir des von on vermand werdin, mit guten rhinschen gulden adir so vil phanden, da den Juden wol an gnuget, ane arglist; darane sie ouch nicht hindern noch beschedigen sal keiner Herren

bete, gebot, kummer noch vorbot, wedir geistlich noch werltlich gericht;
adir ap an dissem briffe adir Ingesegil keynerleye bruche weren adir wor-
din. Vnd die wile dy Judin dissin briff inne haben, so ensollin wir noch
nymant von vnser wegen nummer gesprechin, das wir on vorgulden habin,
noch keyne vergulden schult czu on nicht brengen noch geczugen, sundern
vorczien vns allo des, das vns hywedir czu frommen vnd den Juden czu
schaden kommen mochte in keynerleye wyess ane geverde.· Des czu Be-
kentenisse habe ich Kerstan Stockeritz myn Ingescgil an dissin Briff gehangen, nach Christi geburt 1445, am mittewochen vor Ciriaci.

(Original im Stadtarchiv.)

Keynerlei heisst jetzt: irgend welche, einigerlei. —

Urkunde XV. S. 56.

Der Rath zu Erfurt verkauft 2 jüdischen Kindern auf ihre Lebenszeit
das Haus hinter der Judenschule. 1433, Montag nach Oculi.

Wier Ratismeistere vnde Rait der stait Erffurte bekennen ulfintlichen
an desem uffin briefe, das wier desen nachgeschreben zcwen Juden Natan
Beren von Wormes sone, iczund uf datum deses Briefs sechs Jar alt, vnd
Genten Zcipparan siner Husfrouwen tochtir uf datum deses briefs nün Jar
alt, das Hues gelegen hinder der Judenschule an der Egkin by deme ge-
mache von deme wege vorne biz hindene an dy grossin Gera mit siner
zugehoerunge von vnser vnd der vorgenanten stait Erffurte wegen vorkouft
habin vnde vorkouffin recht vnde redelichin an desem briefe vmbe eyn
benant geilt, das vns von den obgenanten Juden genczlich vnde nutczlich
beczalt ist; vnde vorgulden also auch das den egenanten zcwen Juden orc
fenstere vnde licht an deme selben Huese, als sy dy ytczund haben, von
nymande vortmeher vorbuwet sullen werde, vnd also das dy genanten
zcwene Juden, dy wiele sy leben vnde das egenante Hus mit allen gemachin,
dy darynne sien, nutczen, gebruchen, buwen vnde mit gebuwede vorkern,
vnde dy anders mache mogen, vnde das obgenante Hues ensal mit irme
willin nicht geergert, sundern gebessert werden. Auch sullen dyselben
zcwene Juden, dy wiele sy leben vnde das vorgenante Hues vnde wonunge
ynne haben, eyme Rate der zugeczyeten sitczet, alle Jar in den heiligen
winachtagen·darvane reichen vnd geben zcwey Pfunt pfenige Erffurtischer
were zu zinsse, vnde man sal sie nicht hoe an dem zinsse; vnde dy wiele
der vorgenanten Joden eyner lebet, so sal er als gute macht haben zu allen vor vnde nachgeschreben stugken vnde artikeln, glicherwyz, als ap sie
heyde lebeten, ane argelist. Auch mogen dy selben Juden, dy wiele sy
leben, das digke genante Hues vormyte, vorlien, vorseczin ader vorkouffin
zu allem Rechten, als sy das vor gehait haben als vorgeschreben stet, doch
also das der egenannte zins der stait Erffurt jerlichin sal geuallin. Man
sal auch den obgeschreben Juden nicht were, wenne sie in das egenante
Hues setcze wullin; sundern man sal on vnde eyme ixlichen Inwoner desselben Hueses alle vorgeschrebene rede, stugke vnde artikele stete vnde
gancz halden, dy wiele der vorgeschrebenen Juden dheiner lebet ane aller-
leie argelist; vnd nach tage derselben zcweier Juden sal das egenante

Hues mit einer zugehorungen an dy stait Erffurt lediclichen weder geuallin.
Were auch, das dy obgenanten zcwene Juden sich von Erffurte wenden
vnde anders wohen zcihe wurden, so sullen sy das obgenante Hues andern
Juden, dy zu Erffurt gesessen sint vorkauffin, vnde das eyme Rate dann
kunt vnde zu wicssin thun. Vnde haben des zu merer sicherheit der megen-
nanten stait Erffurte grosse Insegel an desen Brief gehangen. Geben nach
Cristi geburt M. cccc. xxx. III. Jare, am Montage nach deme Sontage Oculi
in der heiligen Vasten.

(Aus dem Original im Stadtarchiv zu Erfurt.)

Urkunde XVI. S. 56.

Urfehde dreier Juden gegen den Rath zu Erfurt. Vom Anbeginn der
Welt 5197 Jahr, den V. des Marheswan; 1436 Donnerstag nach Dionysii.

Ich Kellin von Vlmen Judde zcu Erfforte gesessin vnd Fydel von
Molhusin sien eidem, Hanne sien eliche wertinne, des genanten Kellins
tochter, vnde alle vnser erbin Bekennen an desem uffin briefe vnde thun
kunt alle den die on sehin, hore ader lesin, daz wir haben gesworn in
Moyses Buch uff den zcehen geboten eynen rechten Judischin eyd semptlich vnsser eyn vor den andern vnde vnser iglicher vor sich selbist mit
gutem willen vnde wolbedachtem mute, ane getrengknisse eyne rechte
orffehede, als gewonlich vnde recht ist von solchir gnade wegen, die vns
vnser gnedigen herrn von Erfforte gethan habin; daz vnser keyner noch
nymant anders von vnser wegen nymmer sal gerechin noch gefordern mit
wortten nach mit wergken die busse vnde zcucht, die an mir Kellin von
Vlmen geschien ist, an vnsern hern, an der stad Erfforte, an iren burgern,
an iren mitewonern ader dynern; ez sind Cristen ader Judden, manne ader
frouwen; vnde waz wir sache zcu der genanten stad Erfforte ader den
Iren, Cristen ader Juden, zcu schicken ader zcu fordern haben ader ge-
wynnen, welchirleye die sie, daz wir noch nymant anders dez nergent anders suche ader fordere sullen nach enwullen, danne vor eyme Rate zcu
Erfforte, ader vor vnsers gnedigen herrn von Mencze gerichte, vor deme
Juddenmeistere vnde den parnossin daselbist zcu Erfforte, waz Judischeit
ane rürte, nach Juddischim rechte. Vnde wir vnde die vnsern sullen vnd
wullen der staid Erfforte vnde der oren, Cristen vnde Juden, semptlich
vnde besundern, schaden warnen vnde or bestecz werben, wir sind zcu
Erfforte gesessin ader nicht. Were auch sache, daz die obgenannten vnser
herrn von Erfforte ader die oren, Criston ader Judden, von yemande angelanget, gehindert ader beschediget worden, das von vns semptlich ader
enczeln herqueme ader ginge ader andere von vnser wegen teten ader
zcugeschoben worde, daz sullen wir alle semptlich ane alle der von Erfforte
vnde der oren schaden uff vnser eygen koste genczlich abethun. Wir reden
vnde globin auch bie den selbin vnsern eyden in guten waren truwen, alle
stucke vnde artikel der orffede, die ich obgenannter Kellin vorgeczyten
den obgenanten mynen herrn von Erfforte gethan vnde on dez eynen uffin
vorsegelten brieff gegeben habe, als daz yn der stad Erfforte buch geschrebin vnde vorczeichint ist, uff dese sache vnde uff dese orffehede auch

also stete vnde gancz zcu halden; vnde vorbinden vns der mit Craft vnde orkunde deses brieffes vor vns vnde alle vnser erbin uff vnser eyde, die wir also yn Moyses buch uff den zcehin geboten liplichin gesworn habin hie gote hymmels vnde erden, ane allerleye hinderlist, ane vnderscheit vnde ane allecz geuerde. Vnde wo wir der dicheynen brechin ader vorruckten, semptlich ader besundern, ader yemand anders dawidder tete vnde wir des uff vnser eygen koste nicht von stund abethedin, so sullen wir alle meyncyde vnde yn der stad Erfforte gnade vorfallen sie, vnde der eyde sullen wir vns nicht lasse entneme, noch irleube dawider zcu thune; vnde geschie vns darüber keynerleye gnade ader fryheit von Keysern, Konigen ader andern hern, waz wesens ader wirdikeit die weren, der gnade vnde aller andern widerrede vnd behelffunge, die vns zcu fromen vnde der stad Erfforte zcu schaden kome mochten, vorczihin wir vns lutterlich vnde genczlich; vnde sullen der mit nichte gebruche in dicheine wicz, vnd haben dauor zcu burgen gesaczt mit namen Moschen Kaber vnde Viuelman von Arnstete, vnser liben frunde. Vnde wir iczunt genannte burgen bekennen, daz wir mit gutem willen vor dese orfehede vnde vor alle stucke vnde artikel dessecz brieffes burgen worden sind vnd dauor gered vnde globet han, daz die also stete vnde gancz sullen gehalden werde ane argelist. Des allcz zcu ganczer sicherheit vnde steter vester haldunge habe ich obgenanter Kellin von Vlmen myn gemergke an desin uffin brief gehangen, dez wir obgenannter Fydel sien eydem, Hanne sien eliche wertin, des genannten Kellins tochter vnde wir andern sine burgen alle nuczamale mite gebruchin vnde globin, darvnder als vorgeschrebin stehet ane geuerde. So habe ich mich desse schrift mit mynes selbez hand an desin brief hirvnder geschrebin, darynne ich globe, alle stucke vnde artikel desez brieffes stete vnde gancz zcu halden ane geuerde. Gebin von anbegynne der werlde nach der Judden zcal Funfthusent vnde huudert Jar vnde darnach in deme syben vnde nunczigisten Jare, dez erstin tages des Manden Marheswau genannt; vnde nach der Cristenzcal thusint vierhundert, darnach in deme sechs vnde drissigesten Jare, am Donrstage nach Dionysii.

Aus dem Original, dessen Siegel fehlt. Auf dem Umschlag des untern Randes in der linken Ecke steht deutsch-hebräisch:

»Ich Kellin v. Ulmen Jude obgenannt, rede und gelobe alle vorge-
»schriebene Rede, Stücke und Artikel dieses Briefes und dieser Orfehede
»fest und ganz zu halten ohne Arglist, und habe dess zu mehrerer Sicher-
»heit dieser Schrift mit meiner eignen Hand hieran geschrieben«.

(Stadtarchiv zu Erfurt.)

Urkunde XVII. S. 58.

Der Cardinal-Erzbischof Albrecht von Mainz und Magdeburg nimmt auf 8 Jahre 2 Judenfamilien in Taberstädt oder Hochheim zu Bürgern auf. 1528.

Wir Albrecht von gots gnaden, Cardinal, des h. Stuls zu Mencz vnd des stiffts Magdeburg Ertzbischoff, Churfürst vnd Primas, Administrator

zu Halberstadt, Markgraf zu Brandenburg etc. etc. bekennen vnd thun
kund offentlich mit diessem Briff vor vns, vnsere nachkomen vnd stifft,
das wir auss redelichen vrsachen, vns bewegendt, Beifuss vnd Elear Juden, gebruder, zu vnsern Judenburgern in vnsern Dorffen Taberstat oder
Hocheim, wo sie der endt ein Behausung bekomen mogen, vffgenhomen
haben, thun das mit vnd in crafft disses briffs allso, das sie mitsampt iren
Hausfrawen, kindern vnd vngeuerlichem gebrottem gesinde daselbst zu
Taberstat oder Hocheim acht Jar lang nach dato disses Briffes schirst vol-
gend, doch vnder einem Dach wonen vnd heusslich sitzen sollen; vnd mogen sich auch ires geldes mit aussleihung, keuffen vnd verkeuffen zimlicher
weiss gebrauchen. Vnd sunderlich sollen gemelte Beifuss vnd Josell (soll Elear
heissen) gegen vnsere vnd vnsers Stiffts vnderthanen, geistlichen vnd weltlichen, in gedachten vnsern Dorffen, statt Erfurt vnd anderswho in vnsern ge-
biethen gesessen, von einem jeden Gulden die wochen einen Lebenpfennig,
vnd von ⅛ gulden die wochen ½ pfennig vnd nit mher zu gesuch nhemen oder
nhemen lassen durch ymants anders, one oder sonder vmbschlag, das die
vnsern gentzlich erlassen werden sollen. Auch sollen die vorgenanthen
Juden, ire haussfrawen oder gesinde nit leyhen vff kelch, messgewanth,
Monstrantzen, bluttig gewanth oder nasse tuch; (später ist zugesetzt:) »oder
einigs anders der Kirchen zugehorig«; sich auch sunst halten mit irem
gesinde vnd anderm, wie sich Juden gebürth vnd von alter ist herkomen.
Ob auch gemelten Juden etwas von Cleinoten, Kleidung oder andern zu-
komen würde, das sie für gestolen achten, sollen sie den vnsern zu gut
das nit von sich komen lassen, sondern zimlich darauff leyhen oder kauffen,
vnd ob Jmands dem das zustende, in Monatsfrist zu inen komen vnd das
begern würde, sollen sie ime bei iren pflichten vmb das gelt, (dafür) sie
es kauft oder so vil sie darauff gelihen hetten, widdervmb folgen lassen.
Aber nach Verscheinung des monats mogen sie dasselbige verkeuffen oder
inen sunst zu nutz anlegen, vnd sullen fürter nymants dorumb etwas schuldig oder pflichtig sein sonder geverde. Who auch zwischen den vnsern,
einem oder meher, des gesuchs halben Irrung vnd Zwitracht erwachsen
würde, derhalb sal vnser Kuchenmeister vnsers erczbischöfflichen hoffs in
vnser stat Erffurt ire richter sein; vnd was er nach beider theill für-
brengen erkennen vnd sprechen wirdt, dabei sal es ane alle wegerunge
pleiben vnd volnzogen werden, sonder geverde. Wir, vnser nachkommen
vnd Stifft, auch vnser Vitzthumb, Kuchenmeister vnd andere vnsere ampt-
leute in vnser stat Erffurt sollen vnd wollen auch die gnanthen Beyfuss
vnd Elear Juden, ire hausfrawen, kinder vnd gebrot gesinde sampt iren
haben vnd guttern getreulich schützen, schirmen vnd verantworthen gleich
andern vnsern bürgern vnd vnderthanen. Wir sollen vnd wollen auch die
itztgemeldten Juden wider mit leyhen oder geben widder iren willen nit
betrangen•oder müssigen, noch den vnsern zu thun gestatten; auch sie,
ire haussfraw, kinder vnd vngeuerlich gebrodt gesinde in keinem andern
gericht oder an keiner andern stat bezeugen oder besagen lassen; sondern
wer zu inen ingemein oder sunderheit zu sprechen vermeint, der sal inen
zusprechen vnd bereden mit Erbarn Christen oder vnuorsprochenen Juden,
als Juden recht vnd gewonheit ist. Die gemelten Beifuss vnd Elear, ire

hausfrauwe, kinder vnd vngeuerlich gebrodt gesindt sollen auch niemanths
zu antwurthen oder zu rechten zu stehen schuldig sein ane einichem gericht, affter vor vns oder vnserm Vitzthumb vnd Kuchenmeister in vnser
stat Erffurt, oder wem wir das yhe zu zeitten bevelhen werden. Vnd vmb
die gemelte gnadt vnd freiheit sollen vns die gedachte Beifuss vnd Elear
Juden alle vnd iglichs Jars mit sechs Gülden rheinisch in Gold zu Dinst
stehen vnd die vnserm kuchenmeister in vnser stat Erffurt eins iden Jares
vff sandt Michelstag libern vnd antwurthen, vnd daraffter vns, vnsern
nachkomen vnd Stifft die obbestimpt zeit aus weiters zu geben oder zu
thun nit schuldig, sondern vnserhalb aller ding gantz frei vnd vnbeschwert,
ausgescheiden, das sie von irem wein, bir vnd brot, so sie in irem hauss
verbrauchen, geben vnd thun sollen, wie andere vnsere vnderthanen zu
Taberstet oder Hochheim. Doch so wir vff vnsere gemeine Judenschafft
in vnserm Ertzstifft Mentz gesessen aus bewoglichen Vrsachen ein steuer
legten, soln gemelte sich des nit beschweron, sondern solche ires theils
one widderrede auch mit helffen leisten vnd volnbrengen vnd weiter
nit gefreihet sein, dan andere vnsere gemeine Judenburger in vnserm
Ertzstifft Mencz. Vnd wan die obbestimpte zeit vmb komen vnd verlauff-
fen sein vnd wir ader vnser nachkomen sie als dan lenger zu Taberstat
oder Hochheim in obgeschribener gestalt nit haben oder leiden wolthen,
so sollen sie doch noch ein halb Jar der endt zu wonen fridt vnd geleidt
haben, domit sie ire schuldt vnd ausgelihen gelt fordern vnd inbrengen
mogen; dartzu auch wir, vnser nachkomen vnd vnser vitzthumb, Kuchenmeister vnd andere vnsere amptleuthe in vnser stat Erffurt inen vff ire
gesinnen getreulich beholffen sein sullen. Doch sollen gedachte Beifuss
vnd Elear oder die Ire dasselbig halb Jar sich handtirens oder ausleihens
mit irem gelt enthalten vnd damit nichts handtiren, handeln vnd wuchern
in einicher weiss. Die gemelten Juden mogen auch zu ausgang obbe-
stimpter zeit in mitler zeit, wan sie gelustet, von vns zihen ane vnser
oder vnsere nachkomen oder der vnsern verhinderung; doch das sie vns
zuuor das obbestimpt zinsgelt ausgericht vnd bezalt; alsdan sollen sie
auch vnser gut geleidt haben, ire schuldt inzufordern, vnd wir, vnser vitzthumb vnd kuchenmeister inen darzu, wie oben stehet, beholffen sein; alle
geuerde hindan gesetzt. Dess zu vrkundt haben wir vnser Insigel an diesen briff thun hencken, der geben ist zu Steinheim, vff Freitag nach Na-
tivitatis Marie. 1528.

Der vorstehende Brief ward mit denselben Worten für den Juden
Beifuss auf weitere acht Jahre erneuert, s. d. Halle, vff sandt Moritzburg,
Sampstags nach Mauricii. 1536.

Sub dato Aschaffenburg, vff Dornstag Symonis vnd Jude 1540 stellte
der Cardinal-Erzbischof Albrecht eine gleichlautende Urkunde aus, auch
auf acht Jahr, für den Juden Michel von Ilmenau.

Auch zu Heiligenstadt oder Duderstadt wurden unter gleichen Bedin-
gungen der Jude Isaac mit seiner Familie auf acht Jahr aufgenommen.

Sub dato Regensburg vff Mittwoch S. Veits Tag 1541 erhielt der Jude
Salomon von Schenittach (?) auf acht Jahr Aufnahme in Taberstat oder

Hochheim, vom Cardinal Albrecht mit gleichen Worten wie oben, bis auf den Zinsfuss:

> Von einem jeden Gulden die wochen einen Menczer pfennig, was aber
> vnder einen gulden ist, vffs höchst theidingen; er mag doch nit vber
> einen Binger Heller nhemen oder nhemen lassen.

(Aus dem sogenannten grünen Buch in der Magistrats-Bibliothek.)

Urkunde XVIII. S. 58.

Des Raths zu Erfurt Revers gegen Erzbischof Dietrich zu Mainz, der den Juden den Aufenthalt in genannter Stadt verboten hat. 1458, Sonnabend in der Pfingstwoche.

Wyr Ratissmeistere Rath Rethe vnd die gantze gemeyne der Stadt Erffurte Bekennen vor vnss vnd alle vnsser nachkomen vnd thun kunt offentlich mit dissem brieffe vor allen den, dye yne sehen horen oder lessen. Nach dem der Erwirdigste In Got vater, vnsser gnediger lieber Herre Herre Ditterich, des heyligen Stulss zcu Mentze Erzbischoff, des heyligen Romischen Reichs durch Germanien Ertzkantzeler vnnd kurfurste vnss vm der Judissheit halben bey vnns zcu Erffurdt begnadet vnd sich geyn vns vorschriben hat noch lauthe syner gnaden brieffe vns darvber gegeben als hirnach geschriben stehit:

Wyr Ditterich von Gots Gnaden des heiligen Stulss zcu Mentze Ertzbischoff, des heyligen Romischen Reychs durch Germanien Ertzkantzler vnd kurfurste Bekennen vnd thun kunth offentlich mit dissem brieffe vor vns vnsser nachkomen vnd Stifft. Nach dem wir vnd vnsser Stifft zcu Mentze biss her von der gemeyne Judissheit zcu Erffurdt hundert marck silbers, die vns der Rath vnd Rethe vnsser genanten Stadt Erfurt von derselben Judissheit Jerlichen Ingesamelt vnd furder gereicht vnd auch sunst mancherleye pflichte vnd gefelle vff denselben Juden gehabt haben, alsso haben wir durch vnterrichtung etlicher vnsser Rethe vornomen, das der Rath vnd Rethe vnsser genanten Stadt Erffurdt zcu Hertzen genommen vnd bedacht haben, das die Juden seynt seindt vnd missebieter des almechtigen Gotis, Marien seyner werden mutter, alles Hymelischen Heres vnd dez heyligen Christenglaubens, auch das fast vil vnsser Burger zcu Erffurdt vnd sunst ander Christenleuthe arm vnd Reiche, durch Iren wucher zcu grossen vorterplichen vnd vnuerwuntlichen schaden und armut genotiget vnd bracht sint, desshalben so haben sie sich vber Iren wucher zcu richten vnd zcu helffen entschlagen vnd geaussert vnd als die Juden darnach aus vnssir Stadt Erffurdt gewichen vnd gekart sint, haben die vorgenanten Rath vnd Rethe vnsser Stadt Erffurte soliche oben berurte hundert margk silbers etzliche Jare verhalten vnd vns der von der Judissheit wegen nicht gereicht, In meynung, das sie vns vnd vnssirem Stiffte der, die wile die Juden aus Erffurdt gezogen wern vnd sie der von Inen nicht Ingenommen hettin, forter zcu reichen nicht pflichtig seyn solten. Der halben wir die genanten Rath vnd Rethe In forderunge vnd vortacht gefasset hatten, darauss, als zcu besorgen ware, grosser vnrath vnd Irrethum komen vnd entstanden seyn mochte; Sollichs zuuormyden haben

vns die vorgenanten Rath vnd Rethe vnsser Stadt Erffurdt durch etliche
vnsser trefflichen Rethe demutiglichen vnd mit fliesse ersuchen vnd biten
lassen, das wyr sie In eynem sollichen, das sie der Judissheyt zcu ewigen
gezceiten bey Inen zcu Erffurt wesentlichen vertragen vnd entprochen seyn
mochten, gnediglichin bedencken vnd vorsehenn wolten. Des haben wyr
myt guetem wolbedachtem muthe vnd sunderlichen Rath darvber gehabt,
solche obgemelte mysebitunge des almechtigen Gotis vnd des heyligen
Christenglaubens, verlickeyt der selen, grossen vorterplichen schaden vnsser
burger vnd ander Christenmenschen von der Judissheit daselbst entstanden,
auch der vorgenanten Rathes vnd Rethe fliessige bethe angesehenn vnd
gnediglich bedacht vnd haben mit gutem wolbedachten muthe, auch mit
wissen, willen vnd volbort des wirdigen Johan von Entzenberg techants
vnd vnssers Capittels zcu Mentz den vorgenanten vnssern Burgern, Rathe,
Rethe vnd gemeyner vnssir Stadt Erffurdt vnd allen Iren nachkomen die
sunderliche gnade gethan vnd thun inen die mit krafft diesses briffs, das
sie vnd alle ire nachkommen hinfurt zcu ewigen gezciten des egenanten
Judengelts, Auch der vnd aller Judissheyt bey Inen zcu Erffurt wesentlichen vortragen vnd entprochen seyn sollen, vnd darmit auch nicht
beladen ader bedranget, noch von vns vnd vnssern nachkomen
darzcu nicht benotiget werden sollen, In keynerleye weysse weder mit
schrifften, wortten ader wercken, noch von nymants anders von vnsser,
vnsser nachkomen vnd Stiffts wegen. Sundern wyr sollen vnd wollen
sie auch davor schutzen vnd vorteydingen nach vnsserm besten vermögen, wo wir das mit rechte gethun mogen. Sie sollen auch hinfurt zcu
ewigen Zciten keyne Juden wesentlichen bey Inen zcu wonen vffnemen,
haben noch leyden, ane alles geuerde. Wyr vorczihen vns auch luterlich
vnd gentzlichen In crafft diesses brieffes vor vns, vnsser nachkomen vnd
Stifft, das wir die obgenanten Rath, Rethe vnd Gemeyne vnsser Stadt
Erffurt vnd alle Ire nachkomen nymmermehir anlangen ader beteydingenn
sollen noch enwollen vmb alle die gefelle, schaden vnd pflichte, die wyr
bissher von den Juden zcu Erffurt gehat haben vnd furder von derselben
Judissheyt gehaben mochten, vsegenomen vnsser fryen Zcinsse mit Irer
geborlicheit, die wir auff den Judenhussern doselbst haben, die vns eyn
Rath vnser genanten Stadt Erffurt bissher davon Jerlichen gegeben hat
vnd noch zcukunfftiglich geben sol ane geuerde. Vnd dos zcu eyner wider-
statung sollicher vorczicht aller obgenanten gefelle, die wir an den Juden
zcu Erffurt gehabt haben, So haben vns die vil gonanten Rath vnd Rethe
vnsser Stadt Erffurt geyn Johan von Allenblumen, itzundt vnssern Vitzthum zcu Erffurt dryhundert lötig marck silbers heubtgutes vnd daruff
hundert vnd funffzig marck vorsossen zcinses entlediget, vnd damit solche
brieffe vnd vorschribunge von vns vnd vnsserm Capittel darvber gehabt,
von Ime erlost vnd vns dye furder widergegeben vnd geantwort, vnd dar
zcu eyne Summen gelts Nemblich vierthusent gulden hiernach gegeben,
dye wir widder an vnssers Stiffts nutz gewant haben, der wyr sie auch
mit krafft diesses brieffis vor vns, vnsser nachkomen vnd Stifft gentzlich
quydt, ledigk vnd loos sagen, vnnd haben des zcu vrkunde vnssir gross
Ingesigell an diessen brieff thun hengen. Vnnd wyr Johann von Entz-

7 *

bergker Tumtechant vnd das Capittel des Thums zcu Mentze Bekennen
vnd thun kunt offentlich mit diessem brieffe, das alle diesse vorgeschriben
sache mit vnsserm guthen willenn, wissen vnd vorhengknisse durchgangen
vnd gescheen sind vnd haben dess zcu gezceugknisse vnssers Capittels
grosse Ingesigell bey des obgenanthen vnssers gnedigen Herren Ingesigell
an dissen brieffe gehangen, der gegeben ist zcu Aschaffinburg am Dinstage
nach dem Sontage Misericordias Domini, Anno domini millesimo quadrin-
gentesimo quinquagesimo octauo. Also gereden vnd geloben wir obgemelten Ratismeistere, Rath, Rethe vnd gantze Gemeyne der Stadt Erffurdt
vor vns vnd alle vnsser nachkomen alle vorgeschriben punkte vnd artickele
In dem vorberurten vnssers gnedigen Herrn vonn Mentze brieffe begriffenn
vnd eynen Itzlichen bessundern, souil vnss der berurt vnd belanget,
stete ganz vnd vnuorbruchlich zcu halden, alles geuerde vnd argelist hyr
Inne gantz vssgeschlossen. Dess zcu vrkunde vnd waren bekenntnisse haben wyr vnsser Stadt Erffurt gross Ingesigel wissentlich vnden an dissen
brieff lassen hengen. Anno Dom. M. cccc. l. viii. vff Sonnabent In den heyligen phingestwochenn.

Urkunde XIX. S. 59.

Kaiser Friedrich citirt den sächsischen Amtmann zu Leipzig, Niclas
Pflug, an seinen Hof, um ihn mit dem Erzbischof von Mainz und mit der
Stadt Erfurt wegen der Judenschule und Synagoge in Erfurt zu vertragen.
Rom, am 6. Januar 1469.

Wir Friderich von gottes gnaden Romischer keysser zcu allen zceitten
Merer des Riches, zcu Hüngern Dalmacien Croacien etc. kunig, herczog
zcu Osterreich vnd zcu Steyr etc. Enbietten vnserm vnd des Reichs lieben
getruwen Niclassen pflug Amtman zcu lipczk Vnser gnad vnnd alles gut,
lieber getruwer, als wir vormals die Irrung vnnd Sachen dar Inne du auch
gegen vnsern vnd des reiches lieben getruwenn Ratzmeister vnnd Radt
der Stat zcu Ertfurdt von wegen der Judenschulen vnnd Sinagogen in der
benanten Stat Ertfurdt gelegen Die wir dann dir fur deynen Solde so dir
weilennt vnser bruder herczog Albrecht zcu Osterreich zetunde schuldig
gewesenn seyn sol stanndest dem hochgebornnen Ernsten herczogen zcu
Sachssen des heiligen Romischen Reichs Ertz Marschalgk lanntgrauen Inn
doringen vnnd Marggrauen zcu Meissen vnserm lieben Ohem vnde Curfursten euch desshalben mit seynem Rechtlichem spruch zcuentscheiden
beuolsen gehabt haben noch laut vnser keyserlichen Commission brieffe
desshalben Ausgangen, hadt vns her Adolff Erczbischoff zcu Menntz des
heiligen Romischen Reichs in Germanien Ertz Canczeler vnser lieber Neue
vnde Curfurste vormals vnnd yetz am Jüngsten schrifftlich furbracht vnnd
zcu erkennen gegeben wie die benante Sinagog vnnd Judenschule Auch
die gemein Judischeit zcu Ertfurdt vormals Als die in Irem wesen in dem
gemelten Stifft zcu Menntz vnnd der Egerürtten Stadt zcu Ertfurdt mit
gerechtikeit zcu gestanden vnnd nachmals Als die in abgang komen In
dar zcu zcinsbar vnnd zcu Cristenlicher ordnung geordent sey des dann

sein vordern vnnd er nun lanng zceit in gorulichin gebrauch gewessen seyen Das wir dann Also durch den Benanten vnsern Curfursten verkundt vnd sich darauff gegen dir Ob du icht spruch desshalb zcu den benanten von Ertfurdt alss den seynen vormeynest zcu haben Gitlichs vnd Rechtlichs ausstrages vor vns Als Romischem keysser seynem Rechten Naturlichem vnnd Ordenlichen herre vnnd Richter zcu seynn erbotten das du aber voracht vnnd daruber weytter gebotbrieff von vns wider dy ogenanten von Erdtfurdt erlanget habest, Des er sich dann an stat sein vnnd der seynen merckelich beschwertt zcu seynn bedunckt, Darvmb sulch vnnd ander Redlich vrsach vns darczu bewegende an gesehn vnnd besonnder das Nyemandt uber sulch Rechtbot weytter Angelanget noch on seyner gerechtikeit vorkurtczt oder verhindert werde So haben wir sulch egemelt sachen vnnd Irrungen wie wir dann die dem egenanten vnserm Commissar beuolhen gehabt vnnd vor Im In recht gehenngt, vnnd sich begeben haben widervmb an vns eruordert vnnd genomen vnnd darauff die egemelt vnser Commission aufgehebt vnnd abgethan in meynung vns daruber zcu erkennen vnde euch in der gutikeit zcuuoreynen Darvmb enpfelhen wir dir mit diessem brieff ernnstlich gebietende das du dich auf Sandt Bartholomes tags schirstkunfftig den wir dir gegen dem obgenanten Curfursten von der egenanten von Ertfurdt wegen setczen vnnd benennen zcu vns wo wir dann zcu mal im Reiche sein werden komest ader deynen volmechtigen anwalt senndest So wollen wir euch Alsdann zcu beiderseidt in den benanten zcwitrechten vnnd sachen in der gutigkeit gegencinander verhoren vnnd vnsern guten vleiss tun euch darvmb in gutlich eynikeit vnnd ubertrag zebringen Damit euch beiderseitt nicht mer vnrat vnnd schaden darauss entschee Mochte aber das in der gutikeit nicht gesein Alsdann ferrer dar Inn handeln nach eynem billichem Alss sich in sollichem gebüren wirdet Solchen vorgemelten gutlichen tag wir dem vorgenanten vnserm Curfursten durch vnser keysserlich brieffe also verkundt vnnd desgleichen gesatzt haben Darnach wisse dich zcu richten Geben zcu Rom An dem Sechsten tag des monden January Nach Christi geburde vierzcehnhundert vnnd im Newn vnnd secbzcigisten vnser Reiche des Romischen im Newnundzcwentzigisten Des keysserthumbs Im Sybenzcehenden vnnd des hungerischenn im zcehenden Jarenn.

Ad mandatum proprium domini Imperatoris.

(Aus dem Dresdener Archiv.)

Urkunde XX. S. 59.

Nickel Pflug, Amtmann zu Leipzig, bevollmächtigt und instruirt zwei seiner Freunde zu seiner Vertretung am kaiserlichen Hof wegen der Judenschule in Erfurt, wegen derer er gegen die Stadt und den Erzbischof von Mainz geklagt hat; d. Leipzig, am Dienstage Cyriaci. 1469.

Myn fruntlich dinst zcuuor, Gestrengen vehsten, guten frunde vnde liben sweger. Ich thu uch wissen, das ich der sach halben, als ich wedder den rat zcu Erffurt vmb die Judenschule vermeyne zcuhaben durch vnsers allirgnedigsten hern dess Romisschin keysers offinn briff in siner k. g. hoff, vff sente Bartholomess tag wo er die zcyt im Riche syn wirdet, geheyscht byn, durch mich adder mynen volmechtigen anwalden zcu irschynen, so wil syne k. ma. zcu beyderseit, die sache in der gutlichkeit geyneinander vorhoren vnde fliss thun, vns in gutliche eynikeit vnde obirtrag zcubringen. Muchte er das in der gutlichkeit nicht obirkommen so wil syne k. ma. ferrer darinne noch einem billichin handeln, als sich geboren wirdet, also der keyserliche briff vollichs innheldet vnde besaget, vnde also ich merglichir geschefthalben myns befolenen ampts den k. hoff in eigener persone nicht besuchen mag, so habe ich vss sunderlichim vertruwen den ich zcu uch trage uch beyden ingesampt vnde iczlichin besunder myne volle gewalt gegeben, die sachen in der gutlichkeit adder in rechte von mynen wegen zcu handeln, auch andire machtmanne vnde anwalde zcukyssen, als ir das alles in dem instrument doruff gemacht vnde begriffen clerlichin vernemen werdet, Vnde bitte uch mit ganczim flisse gar fruntlich ir wollet uch der sachin von mynen wegin, wenne ir in den keyserlichin hoff kommen werdet, annemen gutlich vnde rechtlich, wie ess sich erheisschin wirdet, handeln vnde mag mir in der gutlichkeit abtrag vnde willin gemacht werdin, das nemo ich libir, wenne das ich ess mit rechte irfordern solde, Vnde ab ess geschege, das ir in den keyserlichin hoff nicht kommen wurdet vor dem gesatczten tage, so musset ir einen offinbaren schrybere vor uch fordern vnde im das instrument, darinne ich uch gemechtiget habe irzceigen vnde einen andern addir zcewene procuratoren dio ir wysset ym keyserlichin hoffe forder kysen vnde welen vnde dorvbbir ein instrument machin lassen vnde das alles den procuratoren die ir irwelin wurdet zcuschicken, Wurdet ir abbir selbst darinne syn, so dorfft ir nicht mehr wenne redenere addir vorsprechin kysen, die sachin zcu handeln, Were ess abbir das ir uch vss dem keyserlichin hoffe wendin, addir vorsant wurdet, so musset ir andere procuratorn kysen vnde welen, abbir die wyle uwir einer aldo ist, so hat ess keyne not, einen andern zcu welen.

Vmbe die appellacion ist myn gedunck, das die vnrechtlich ingeleget ist, vnde dio von Erffurt mutwilliglich appellirt haben, vnde das man vor vnserm hern dem keyser von erst bitte, das syn k. g. die sache wysse, an mynen g. horn herzcogin Ernst, also vor einen keyserlichin commissarien noch den mal, das dio von Erffurt irer ingelegetten appellacion keyne vrsache, die im rechte gegrundet ist, habin, addir das syne k. g. dio sache der appellacion von erst höre, ab sie bestendig sey addir nicht vnde wurden die von Erffurt nicht vssfuren als von rechte genug ist das die sache der appellacion genuglich sey, das denne syne k. g. die appellacion machteloss teyle mit verteylunge vnde wedderstatunge scheden vnde zcerunge die ich daruff sollichs mutwellens halben von den Erffurt vorgenommen hab mussen wendin. Item wurde das alles nicht haften vnde wurde ess zcum handel der heubtsache kommen, so last vorgebin, wie mir vnser gnedichster herr der Romische keyser, vor mynen solt, den mir etwan herzcoge Albrecht seliger schuldig ist bliben, die synagoge vnde Judenschule zcu Erffurt gegebin hath, dass mir syne k. g. bekentlich ist, noch besagunge der briue der abschrift ich uch hirmit sende, daran mir die von Erffurt errunge thün, das ich sollich synagog in myne possess vnde gewere nicht moge

bringen, Sie haben sich auch der synagog selbst vnderwunden vnde wed-
dern sich der zou üssern vnde mir zcu folgen lassen vnde bitt in rechte
zcuirkennen sollich keyserliche gabe bestendig vnde rechtlich vnde die
irrunge vnrecht vnde mir die synagog in myne gewere zcu antwortten, mit
rechte zcu irkennen vnde zcu uersprechen. Also die redenere vnde vorsprechin dess keyserlichin hoffs das alles forderlichir wissen vorzcubringen, wurde
sich denne der bisschoff zcu Mencz adder syn anwald in die sache legen
die von Erffurt zcu vertreten, so heischt machtbriffe dess anwaldin zcuc-
zceigen. Wurden die creftig irkanth, was sie denne vorbringin werden,
das kan ich nicht eigentlich gewissin. Mich bedunckt wol das syn vorbringen daruff sal stehen, das die Judeschaft zcu Erffurt dem bischoue zcu
Mencz vnde in alle sinen landen mit allin rechten vnde mit alle irer zcu-
gehorunge zcustehen solle etc. Sollichs darff man nicht nochgebin, ess sey
denne das ess noch notdorft bewyset vnde vor vrkundet wirdet, wedder
dieselbigen bewyssunge werdet ir denne wol rats werdin zcureden. Ich
hore auch er werde anczyhen lassin, das die Juden einem bisschoffe zcu
Mencz jerlich einen zcinss von der synagogen gegebin, davon meyne er
zcubewysen das die synagoge syner obirkeit vnderwurffen sey etc. Dar-
wedder last also reden, das ir nicht gestohet, das der zcinss dem bisschoffe
von der synagogen gegeben, sundir ein gelt sey ym jerlich gegeben vmbe
dessiwillin, das sie jerlich ein fest dess kalb tancz habin mogen begehen
vnde den kalb tancz aldo habin, das ich mit Juden genuglich zcum rechten zcu geborlicher zcyt irwysen mag.

Das abbir syne k. ma. clerlicher irfinden mag, das die synagoge vnde
die Judescheyd synen k. g. allir dinge mit irim habe vnde gute zcu Erffurt
als an andern endin zougestandin hab, das stoht daruss zcuirkunden obbir
gemeynen zcufall dess rechten, danne von gemeynem rechten sint die Juden sundirlichin in der keyserlichin gewalt. dorobbir sunderlich hat das
Rych zcu Erffurt an den Juden gehat den gulden pfennigk, den hat keyser
Sigemund loblicher gedechtniss vnde disser vnser g. herr der Romissche
keyser ernoch hern Caspar vnde hern Matthias Slycke verschrieben, dieselbigen haben sollliche gerechtikeit an den Juden vffgehaben also lange
sie aldo gewest syn. Item die Judeschaft zcu Erffurt hat vnserm g. hern
dem Romisschen keyser alle jare von der schule vnde von dem kirchuff
getzinssett syben marck, sollichs bewyset clerlich, das die synagoge vnde
der kirchuff syner k. ma. zcusteht. Zcu mehr vrkunde der obbirkeitt die
das Rych an den Juden zcu Erffurt gehat habin, so hat herr Lenhartt von
Vylseck von vnsers g. hern dess Romisschin keysers wegin die Juden zcu
Erffurt geschaczt mit hern Heincen Pfluge vnde andern mehr.

Zcu forder vrkunde vnde sunderlich das die synagoge vnde der kirchuff
vnder der keyserlichin gewalt gewest ist, so hat keyser Sigemund lobelichir
gedechtniss vnde auch vnser itcziger gnedichster herr der Romisscher keyser, die wyle er Romisschir koning ist geweest den Juden zcu Erffurt ire
synagoge vnde den kirchuff durch ire keyserliche vnde koningliche briue
bestetiget vnde geeigent. Sollliche briue addir glaubwirdige abeschrift kan
ich zcugeborlichir frist wol vorbringen.

Ess hat sich auch der rat zcu Erffurtt geyn den Juden verschrebtn, die zcu Erffurt gewest synt, das sie den Juden in ire schule keyne irrunge noch intrag in ire schule thun wollen vnde ab ess gescheg, das die Juden von danne vortrebin wurden, das sie sich der gutere nicht vnderczyhen wolden, sie hetten yn denne darvmbe abelegung gethan. Also werde ich von den Juden bericht die mir auch zcugesagt haben, sollich briue addir glaubwirdige abeschrift zcuschicken. Darvmbe ist myne fruntliche bete, ir wollet sollich sachen zcur zcyt wenne ess stat vnde zcyt heischt vnde notdorft fordert vorbringen lassen in der bequemsten wysse als die vorsprechen irkennen werdin, wollit auch die sache vorhin an mynen gnedigen herrn hertzog Albrecht bringen vnd sine gnade bitten das sine gnade vorhin mit dem Romischen keyser in sunderheit dauon rede vnd handel habe vnd wullet hirynne uwern besten vliss ankeren als ich eyn gantz vertrauwen zcu uch trage ir tun werdit, wil ich fruntlich vmbe uch vordinen. Gebin zu Liptzk am dinstag Ciriaci martyris anno domini etc. LX nono.

Nickel Pflug zcu Liptzk Bornne etc. amptmann.

Den ernvesten gestrengen ern Casparn von Schonberg ritter vnd Bernharte von Schonberg marschalg etc. mynen gunstigen fruuden vnd lieben swegern.

(Aus dem Dresdner Archiv.)

Urkunde XXI. S. 73.

Kursächsische Verordnung gegen die Juden; d. Wittenberg, am Sonntag Exaudi. 1543.

Von Gotts gnaden Johans Friderich, Hertzog zu Sachsssen, des heiligen Röhmischen Reichs Ertz-Marschall vnd Churfürst, Landgraff in Düringen, Marggraff zu Meissen, vnd Burggraff zu Magdeburg.

Allen vnd jtzlichen, vnsern Prelaten, Grauen, Herrn, Landvoigten, Haupt vnd Amptleuten, Amptbeuelhabern, denen von der Ritterschafft, Schössern, Vorwaltern, Vorstehern, Schulteissen, Geleitsleuten, Bürgermeistern, Richtern und Rethen der Stedte, vnd Gemeinden, auch allen vnsern Vnterthanen vnd verwandten, vnsern grus zuuor, Erwirdigen, Wolgebornen, Lieben andechtigen Rethe, vnd getrewen, Wiewol wir das verschienen Sechs vnd dreissigsten Jars, ein offen Mandat, im druck haben ausgehen lassen, das kein Jüde, sampt den seinen, jnn vnsern Landen, Chur vnd Fürstenthumben (aus bewegenden vrsachen, so zum teil, darinnen ausgedrückt), solt gelitten vnd geduldet, ihnen auch kein gewerbe oder pass, in vnd durch vnsere Lande, gestattet werden, So haben wir doch hernachmals vff Stadliche bescheene vorbitt, auch der Jüdenschafft selbst, hochvleissiges anhalten, bitten vnd erbieten, solch vnser Mandat, durch etzliche Missiuen, des Passes halben gemiltert, vnd jhnen den, mit einer mass zugelassen, vns aber vorbehalten, wo sie solche vnsere nachlassung, vnd ihr erbietten, vbertretten würden, Das wir jhnen jeder Zeit, berürten Pass vnd Durchzug gantz vnd gar, widerumb verbitten wolten, Wann wir dann jnn glaubliche erfarung komen, Das die Jüden, berürter vnser ihnen erzeigten, nachlassung, nicht allein, mit dem Passiren, vnd Durchziehen, misbraucht, Sondern

nachtlager darin zu halten, Auch hantirens, Gewerb vnd Ertzneytreibens,
Vnd darin von jhren jhirthumben, wider vnsern warhafftigen, Christlichen
Glauben, jnn berurten vnsern Landen zu disputiren, Vnd jre Jüdische,
falsche Lesterungen vnd Lügen, wider den rechten vnd warhafftigen Mes-
siam, Christum vnsern Heiland, dem Volck einzubilden, sich unterstanden,
So sind wir aus dem, auch den Stadtlichen schrifften nach, So der Erwir-
dige und Hochgelarte, Vnser lieber andechtiger, Er Martinus Luther, der
Heiligen Schrifft Doctor, wider das verstockte Judenthumb, newelichen gethan, vnd im druck, mit bestendigen gründen, der Heiligen Schrifft, hat
ausgehen lassen, verursacht, Die vorberurte, vnsere gethane erlaubnus, des
Passirens halben, jnn vnd durch vnsere Lande, vnd Gebiethe, zu cassiren,
vnd widderumb auffzuheben, Vnd thun darauff, ob angezeigt, vnser erstlich
offentlich ausgegangen Mandat, hiermit widderumb ernewen, vnd wollen,
dass kein Jüde, noch Judin, hinfurt jnn vnsern Landen, Chur vnd Fürstenthumben oder vnserer Prelaten, Grauen vnd Herrn, Gebieten vnd gütern,
wonen, noch darinn handeln, wandeln, webern, oder dadurch Passiren,
Sonder sich vnser Lande, gantz vnd gar eussern, vnd enthalten sollen,
Vnd da, nach Trinitatis schirsten, einer oder mehr der Jüden oder Jüdin,
hirüber jnn vnsern Landen antroffen vnd betretten würden, Der oder dieselben, sollen vnsers schutzes vnd schirms, auch Gerichts vnd Rechts entsatzt, vnd nicht vehig sein, Wer auch von den vnsern, einen Jüden, oder
Jüdin, jnn obgemelten vnsern Chur und Fürstenthumben, und Landen an-
treffen vnd erlangen wirdet, Der sol sich mit jhnen vnd jhrer hab vnd
gütern, so bei jhnen befunden, In vnser negst gelegene Ampt, darin sie
betretten werden, vorfugen, Vnd dieselben Jüden oder Jüdin, mit der habe,
so bey jhnen befunden, dem Amptman desselben vnsers Ampts vberant-
worten, Do dann der Jüde oder Jüdin, jnn Verwarnung, vnd jhre bey
jhnen befunden habe vnd gütter, jns Ampt sollen genomen, vnd dem vber-
antworter, von wegen seins dabey gethanem vleisses, die helfft, solcher er-
langten habe vnd güter, als er des seine zu haben vnd zu gebrauchen,
wider zugestalt, Aber das ander, bis auff weittern vnsern beuehlich, im
Ampt verwart werden, Vnd gebieten darauff hiermit ernstlichen, das jhr
alle, vnd ein jeder innsonderheit, ob diesem vnserm Mandat vnd beuehe-
lich, wollet vnd sollet vestiglich halden, vnd darwider nichts vorhengen,
noch umb einicherley vrsach willen, die Jüdenschafft, jn dem verschonen,
bey vormeydung, vnserer vngnade vnd ernsten straff, Daran geschiet vnsere
gentzliche meinung, zu vrkundt mit vnserm zu ende aufgedrucktem Secret
besiegelt, Vnd geben zu Wittemberg, Sontags Exaudi, Anno Dni 1543.
(Original im Stadtarchiv zu Weimar.)

Urkunde XXII. S. 73.

Die Grafen Günther und Heinrich von Schwarzburg mortificiren einen
von dem Nonnenkloster in Ilmen an Erfurter Juden ausgestellten, von diesen verlornen Brief. 1365, am Tage S. Scholastica.

Wir Gunthir von gotis gnadin Greue von Swarczburg der eldere vnd
wir Henrich von gotis gnaden Greue von Swarczburg, Here zcu Arnstete

bekennen offelich an diseme kenwerdigen briuc, daz meyger vonn Saltza, der jude zcu Erforte, michel ysac vnd kassol sine sune, vor vns vnd vor deme Rate zcu Erforte in dem jare, da Herr Henrich von Bechstete, Herr Gotscalc von Lubelin, Herr Thilo von der Sachcza vnd Herr Peter von Libenstete die ratzmeyster, Herr Johannis von Grunstete, Herr Herman von Kinchouen, Herr Ditherich vonn Tonstorf, vnnd Herr Ditherich Unsoyte, die vire vonn der gemeine wein (wegen) sasen, habin bekannt Effenbar von irrewein vnn irre erben daz der probist, die Ebtissin vnd der conuent des closters zcu Ilmene nach Gotts geburthe 1334 noch ostern ien hattin gesatz irn brief vor vunnf lotige marc silbers vnd vor den gesuch, der dar uff mochte geyn, bis vff sente michahels tag der da noch aller nest queme, vor Bertolden von Helmerichs, vor Apeln Coch, vor Gunthern crn Jans, vnd vor Johannes Sibenlot, die Burgere zcu Ilmene vnnd daz in daz vor-genante gelt vnnd der gesuch libliche vorgolden sin vnnd haben sie des ledic vnn los geseit. Auch bekennen sie, daz sie den brief des vorgenan-tenn probist, der Ebtissin vnnd des closters, der in gesatz wäre vor daz vor genante gelt, vorlorn habin vnd gebeten, daz wir vnse insigel an disen geinwirdigenn brief gehangen habin, zcu einen geczucnisse, daz sie den vorgenante probist, die Ebtissin vnd den Conuent, vnd die vorgenanten Burgen vnnd Alle, die iz mochte an trete, habin ledic vnd los gelassin, vnnd nimmer vorbaz sullen an sprechen. Dise rede ist geschen noch Gotts geburte driczenhundert iar in deme vumf vnd drisgisteme iare, an sente Scholastigen tage der heiligen juncvrowen.

(Aus dem Original im Landesarchiv zu Sondershausen.)

Urkunde XXIII. S. 73.

Graf Günther von Schwarzburg belehnt den Juden Isack zu Ilmen mit der Judenschule daselbst und befreit ihn und seine Familie von Zoll und Geleite in seiner Grafschaft. 1428, Dienstag nach Martini.

Wir Gunther graue von Swarzborg herre da selbins etc. bekenne vor vns vor vnsse erbin vnde vnsse nachkomlinge vnd thun kunt allen den dy dissen briff sehin adir horin lesin, daz wir an gesehen habin Isackis dinst vnd guten willin den er vns dicke vnd vil gethan had, daz von vnsis ge-heiss wegin der Richter von Ilmen gelegin had yn vnd alle synen erbin dy jodinschule zcu Ilmen mit der hoffestad mit alle ir zcu gehorunge vnd fryheytin vnbeschwerd, alz dy jodin vor aldir herbracht habin bis her; ouch ab wir obirkomen kunden mit den lithin vmb dy dry husser, dy dar an sthchin, daz sy dy Isacke wuldin vorkouffin, So schulde wirs ouch vz-richten daz sy Isacke vnd alle synen orbin gelegin wördin vnd sal sy habin alzo dy jodin schule an allerlei beswerunge vor vns vnd cyme idermenlichiu; vnde wir vnd vnsse erbin sullen vnd wullen dem obgenanten Isacke vnd synen erbin dy schule vnd dy husserchin dar an mit ir zcu gehorunge, alzo vor geschrebin sted, liben vmbsust an irn schadin alzo dicke vnd alzo ufte yn daz not thut adir darff; ouch ob sy dy lehin vorsumethin iar vnd tag da sullen wir sy mit deme adir mit andirn geverden nicht sterin sundern wir habin sy yn gelegin ym vnd synen erbin zcu eyme rechtin erbe an all

geverde. Ouch habe wir ym vnd eyme gesinde vnd syner tochter manne
vnd husse vnd andern syne knechte vnd alle iren gesinde vnd alle ir habe
eyn gut sicher geleyte gegebin mit craft dicz briff in allen vnsse stete,
Slossin, gerichtin vnd in aller vnssen gebiten vor vns vnd vor alle dy
vnssn vnd eyme jdermenlichin vnd vor allen den dy durch vnssen willin
thun vnd lassin wullin. Ouch habe wir sy gefryhit sy vnd ir habe zollis
vnd geleites in allin vnssn gerichten, wo is vns adir den vnssern geborin
mochte, Daz sullen sy allis vortragin sin alzo dicke vnd alzo ufte, alze yn
daz not thut adir durch vnssere gerichte wandertin, so sullen sy is alle-
wege entprochin sin. Ouch ab sy von vnsern voitin, amcthluten begerethin
geleytin, so heysse wir vnsse amztluthe mit craft diz briff, daz sy mit yn
ritin sullen zwu mile weg ader dry, vnd sullen sich des keyn geschefteniss
benemen lassin, alzo dicke vnd alzo ufte yn daz not thut. Daz alle stücke
vnd artikil diz briff vnuorrucklichin gehaldin werdin von vns vnd von
allen vnssern erbin, habin wir vnsser Insigl wissintlichin lassin hengin an
dissen offin brieff, der Gegeben ist nach cristi gebort virzinhundert Jar
dar nach in dem acht vnd zwenzigisten Jare am Dinstage nach Martini.
(Aus dem Original im Landesarchiv zu Sondershausen.)

Urkunde XXIV. S. 73.

Der Kaiserlichen Commissarien Quittung für die unter Graf Heinrichen
von Schwarzburg gesessenen Juden über gezahlte Steuer. 1434, Sonntag
nach S. Bonifacii Tag.

Ich Johann Stofer vnd Ich Thomm von gottliebe Bekennen vnd tun
kunt allermenglichin mit disem brief die In sehen odir horen lesen, Nachdem Als der Allerdurchluchtigster Hochgeborner furste vnd Herre Herr
Sigmund, Römischer keyser zu allentzyten merer des Richs vnd zu Hungern,
Behem, Dalmatien, Croatien etc. kunge vnser allergnedigster lieber Herre,
vns üssgeschikt vnd mit gantzer macht beuolen hat zu fordern vnd zu
heischen Solch sture, anlegunge vnd geschenke, So denn alle Juden In
Doringen, In Hessen, In Mycssen vnd Sachsen etc. sinen gnaden zu einer
keyserlichen Cronen pflichtig sind zu geben, So dann die keiserlichen brieue
vnd Commission, vns darubor gegeben oberlicher Innhalden vnd usswisen,
das alle Juden vnder den Edeln vnd wolgebornen Grauen Heinrichen von
Swartzpurg Herren zu Arnstet vnd Sundersshusen vnd in sinen herrschaff-
ten gesessen, wie die genant sind, vnd nemlichen zu Arnstete, Blankenberg,
Rudolfstede, Plauw vnd Kelbra vnd auch sunderliche Abraham Jude zu
Northusen gesessen, der von vorgenantem vnserm Herrn von Swartzpurg
auch gebort zuuersprechen, Vmbe solche eine zulegunge, geschenke vnd
gerechtikeit, So vnser allergnedigster Herr der Keiser durch vns an Ine
fordert vnd geheischet hat, siner keiserlichen gnade vnd vns von sinen
wegen gantzen willen darjnne gemacht vnd gutlichen übertragen haben
vnd mit bereitem gelde wol bezalt. Hirumbe sagen wir vorgenanten an
vnsers allergnedigsten Herrn des Keisers statt vnd von sinen wegen allo
Juden vnd Judscheit vnder den uorgeschriben vnsern Herrn von Swartzpurg vnd Abraham zu Northusen Solcher seine zinse, geschenke vnd Hei-

schung quidt, ledige vnd los mit maht vnd urkunde dises brieues glicher
wise vnd In aller masse, So vnser allergnedigster Herr der Keiser siner
Maiestat quitantien Ine daruber gegeben hetde, vnd fryen auch dieselben
Juden vnd Judscheit an stat vnd von wegen vnsers allergnedigsten Herrn
des Keisers zehen gantz Jare nechst nach ein ander von gifft diss brieues
folgen, So daz sin keiserliche gnade noch nyemand von sinen wegen die
Judscheit der uorgenanter vnsers Herren uon Swartzpurg mit keinerley
schatzunge oder mit ander ubernemunge beschatzen noch besteuern, be-
kommern oder uffhalden sollen in kein wise; Sunder sie by des uorgenanten
vnsers gnedigsten Herren des Keisers friheit beliben lassen vnd sie auch
mit vngewonlichen zollen vnd geleiten nicht beswert noch bedranget sullen
werden, nach solcher kaiserlicher brieue daruber gegeben, Innhaldunge;
vnd disen gutliche ubertrag der uorgeschribon Judscheit hat vnserm gnedigsten Herren dem Keiser zu eren vnd willen, zu dirre sind gevolbort
Graue Heinrich von Swartzpurg uorgenant, doch Im vnd sinen erben vn-
schedliche an solchen brieuen, friheiten, wonheiten vnd Priuilegien, die er
vnd sin erben haben von alden Keisern vnd Kunigen herbracht an argelist
vnd geverde; vnd das alles also uorgeschriben stet So geben wir der uorgeschriben Judscheit diesen briefe zu urkunde mit vnser beider anhängen-
den Insigeln uersigelt, Der geben ist in dem Jare als man zalte von Christi
geburte 1434 vff den nehsten Sontag nach Sant Bonifacius tag.

(Aus dem Original im Landesarchive zu Sondershausen.)

Urkunde XXV. S. 74.

Kaiser Friedrich fordert von den Juden in der Grafschaft Schwarzburg den dritten Pfennig als Krönungssteuer. D. Neustadt, Montag nach
Quasimodogeniti, 1453.

Wir Friderich von gots gnaden Romischer Keyser zu allentzeiten
merer des Reichs Hertzog zu Osterrich, zu Steir etc. Embieten allen vnd
iglichen Juden vnd Judin, vnd gemeiniclich der gantzen Judischheit in der
Graffschafft zu Swartzburg wonhafftig vnd gesessen, vnsern kamerknechten
vnser gnade. Wann wir von schickung gottlicher gunstiger milltickeyt zu
der hohe Römischer keyserlicher wirde komen sein, vnd ir vns als Römischen Keyser, nach vnserer keyserlichen krönung die wir dann dem Almechtigen gott, vnd dem heiligen Reich zu lob vnd Eren nächst zu Rom lob-
lichen empfangen haben, die gewonlich Judenstewr, nemlich den dritten
pfennig alles eures guts, nach altem Herkomen gewonheyt vnd Rechten
vnsserer vorfaren Römischer Keyser, auch vns vnd des heiligen Reichs zugeben vnd auszurichten schuldig vnd pflichtig seyt, Heissen vnd empfeln
wir euch allen samentlich vnd sunderlich mit disem vnserm brieue von
Römischer keyserlicher macht ernstlich vnd vestenlich gebiettende, das Ir
darumb alle vnd iglich samentlich ewer volmechtig Bottschafft zwen oder
dry Juden in den sachen wol vnderweisst, mit vollem gewalt, hiezwuschen
Datum diss brieues vnd S. Jacobs tag in dem Snyd schiristkunftigen, zu
vns, in vnsern keyserlichen houe, Wo wir dann zumal im Reich sein werden vnuerzogenlich sendet, umb solich vorgemelt Judenstewr mit vns oder

dem, dem wir dan daselbe an vnser statt befelhn, entlich zu vberkomen.
Deſsgleichen auch mit vnsern Amtleuten vnsers keyserlichen houes vmb
Ir gerechtikeyt, so Ir In auch pflichtig seyt, zugeben vnd vns vnd denselben darumb aussrichtung zu tun, vnd gantz benügig zu machen, dann wo
Ir das in der vorgenanten zeit nit tutt, so erkennen vnd sprechen wir euch
itz alsdann, vnd dann als itz von Römischer keyserlichr macht volkomenheyt, in vnser vnd des heiligen Reichs Acht, mit erlaubniss ewer leybe
vnd gutz allermeniclich; darnach wisst euch zurichten, Geben zu Newnstat
am montag nach dem Sunttag Quasimodogeniti Nach Cristi gepurd m. cccc.
vnd im dreyunfunfzigisten, Vnsers Reichs im dreytzehenden vnd des Keyserthumbs im andern Jaren.

(Aus dem Original im Landes-Archiv zu Sondershausen.)

Urkunde XXVI. S. 74.

Auszug aus dem originaliter im Landesarchiv zu Sondershausen befindlichen Vertrag zwischen den Grafen Günther d. J. und Heinrich d. J.
zu Schwarzburg, wegen Theilung der Herrschaft vom J. 1496, Mittwoch
vig. nativ. Mariae.

Wir haben auch bedacht gemeyner herschaft zcu guthe hinfurder
keyne Juden an zcu nehmen vnd ab itzt etliche yn der herschafft weren
die von stunds zcuendorleuben vnd von keynem teile ane deſs andern bewilligenn dieselwen nach andre widder uffzcunehmen adir zcu endhalden.

Auszug aus dem originaliter im Landesarchiv zu Sondershausen befindlichen Vertrag zwischen den Gebrüdern Grafen Günther und Heinrich
d. J. zu Schwarzburg, wegen Theilung der Herrschaft, v. J. 1532, Montags
Joh. bapt.

Wir synnd auch bedachtt gemeyner Herschafft zue guth keine Juden
In vnser herschafft anczunehmen. So Itzt etzliche dor Innen wehrenn.
Die zue Orloben vnd In keynenn teyl ane des andern bewilligung zue halten.

Actenstücke,
die neueste Geschichte betreffend.

Indem wir einen Theil dieser Schriftstücke der Oeffentlichkeit übergeben, können wir nicht umhin, mit Freuden zu constatiren, welch einen
Sieg die Humanität, welche ja so sehr unser Jahrhundert charakterisirt,
über das mittelalterliche Vorurtheil errungen hat. Während in jener Bittschrift auf jeder Zeile nur Gift und Geifer ihrer Abfasser gegen Andersglaubende zu entdecken, leben jetzt hier Christen und Juden in innigster
Harmonie. Ja ein grosser Theil beider ist durch das Band der Freundschaft verbunden. Sie alle aber fühlen sich Eins in dem Streben, das

Wohl unserer geliebten Vaterstadt Erfurt und insbesondere das des Staates zu fördern, dessen starken und mächtigen Schutz wir geniessen. Möchte doch bald die Zeit kommen, wo man den Werth·des Menschen nicht nach seinem Glauben, sondern nach seinem moralischen Denken und Handeln bemessen wird!

Bittschrift an den Churfürsten von Mainz gegen die Aufnahme der Juden in Erfurt, vom 18ten März 1789.

Hochwürdigster Erzbischoff!

Gnädigster Churfürst und Landesherr!

Ew. Kurfürstlichen Gnaden legen sich die Erfurter Kauf- und Handelsleute, und mit ihnen sämmtliche (?!!) treue Bürgerschaft hiermittelst zu Füssen, und stellen in tiefster Ehrfurcht wehmüthigst vor, welcher Gestalt sie schmerzendlich ersehen müssen, dass seit einem halben Jahre daher verschiedenen auswärtigen Juden der Schutz in hiesiger Stadt, verbunden mit der Einkaufsfreiheit, wonach sie Jahrhunderte hindurch vergeblich gestrebt haben, gegen Erlegung 60 Thaler jährlichen Schutzgeldes ertheilt und dadurch schon mehrere derselben an und hergelenkt werden, zur gänzlichen Untergrabung der hiesigen Handelschaft *) das Nämliche zu suchen.

Hochwürdigster Erzbischoff, gnädigster Kurfürst und Herr! wir kennen die heiligen Pflichten der Unterthanen gegen ihren Landesherrn in ihrem ganzen Umfange und sind daher weit entfernt, der höchsten Gerechtsamen unseres angebeteten Vaters seines Volkes im mindesten zu nahe zu treten, aber auch davon sind wir bis zur Gewissheit überzeugt, dass eine nähere getreue (?) Darstellung der Sache mit ihren gemeinschädlichen Folgen, die höchste Zustimmung unseres Landesvaters zu jener Juden - Aufnahme nimmermehr erwirkt haben würde. Wir enthalten uns, vorjetzt weitläufig auszuführen, dass unsere Vorfahren für die von dem Kurfürst Dieterich glorwürdigsten Andenkens im Jahre 1458, wie die Urkunde sagt, der ausgeübten grossen Schinderey wegen landesväterlich verfügte Entfernung der Juden aus hiesiger Stadt 450 Mark Silbers und 4000 Gulden an Golde bezahlt haben, wiewohl auch dieser Umstand gnädigste Erwägung verdient, sondern wollen nur unterthänigst vorstellen, dass durch die geschehene Judenaufnahme nicht nur der Nahrungsstand, sondern auch die Sicherheit der Stadt und des Eigenthumes der Bürger aufs höchste benachtheiligt würde. Es ist zwar dem Vernehmen nach die den Juden ertheilte Freiheit blos eingeschränkt und bedingt ertheilt, dass sie nämlich blos einzukaufen befugt sein sollen, allein wie wäre es möglich, dass die Juden für den beim blossen Einkauf zu hoffenden Gewinn 60 Thaler jährlich, ohne das Geleite zu rechnen, jemals erlegen könnten, wenn er nicht sein Absehen auf die gewohnten Neben- und Schleichwege besonders gerichtet hätte (!). Er sucht nur erst Fuss zu fassen, und hat er dieses, so hat er offen Feld, was er nicht geradezu kann, erlangt er durch Schleichwege, wie lange wird es währen, so fangen die Juden, die itzt blos eingeschränkt

---

*) Der fast 88 jährige Erfolg lehrt Gott Lob! das Entgegengesetzte.

einkaufen sollen, ihren gewohnten Tauschhandel an und bieten statt baaren
Geldes andere Sachen? Wie leicht es ihnen aber sei, alle nur möglichen
Gattungen von Waaren heimlich, trotz der ernstlichsten Wachsamkeit ins
Land zu practiciren, ist vorhin, ohne unser unterthänigstes Anführen, be-
kannt. Gehet nur dieser Tauschhandel durch, so wird die hiesige Handels-
schaft, die Ausschnitthändler, die Gold- und Silberarbeiter, die Posamen-
tirer, und andere mehr, deren Nahrung vorhin schon durch die mehrern
Italienern nebst dem Bürgerrechte ertheilte Handelsfreiheit gar sehr
beschnitten ist, vollends um all ihr bischen Nahrung gebracht und die
Accis-Einnahme muss zugleich mit leiden.

Gesetzten Falls die Juden hielten sich genau an die ihnen angewie-
senen Schranken, wiewohl wir ihnen beweisen können, dass sie solche bereits übersprungen und verbotswidrig verkauft haben, so müssen wir doch
schon aus blosser Duldung derselben und der ihnen ertheilten, eingeschränk-
ten Vergünstigung des Einkaufens den grössten Nachtheil gewärtigen, dahingegen auch nicht der mindeste Vortheil, so aus der Aufnahme der Juden der Stadt jemals zugehen könnte, herabzusehen ist. Alles, was sie hier
einhandeln, sind Sachen, welche die Inhaber gewiss mit mehrerem Vortheil
an hiesige Unterthanen verkaufen können; zu Juwelen und Silbersachen
finden sich hier Juwelier und Kaufleute genug, die solche besser, als die
Juden bezahlen, da sie mit einem geringen Vortheil sich begnügen und
begnügen können, wovon auch die bisherigen Auktionen Belege geben,
welchen die Juden zwar beigewohnt, aber, mit der Steigerung unzufrieden,
gar bald zurückgetreten und über Theurung geschrien haben.

So viel nun hiernächst alte Kleider und dergleichen betrifft, so sind
hier mehrere Bürger, welche sich vom Trödel nähren und in Rücksicht
dieses Gewerbes ihrem Landesherrn contribuiren. Sollte nun den Juden
verstattet werden, dergleichen Sachen aufzukaufen und fortzuschaffen, so
verlieren gedachte Bürger mit einander ihr Brod, hierzu kommt noch, dass
mancher in Noth stehende Bürger von der beklagten Zudringlichkeit der
Juden übereilt, seine Sachen um einen Spottpreis sich abschwatzen lässt,
welche er ausserdem in dem Kurfürstlichen Leihhause erhalten könnte,
wobei denn zugleich das Leihhaus verlieren muss. *)

Hochwürdigster Erzbischoff, Gnädigster Kurfürst und Herr, dieses
sind die nachtheiligen Folgen, welche der den Juden ertheilte Schutz ganz
gewiss nach sich ziehen muss, wir sehen uns daher nothgedrungen, Höchst-
denselben solche zur gnädigsten Erwägung und Beherzigung vorzulegen,

*) Petenten machen noch geltend, dass für die Gewährung ihres Ge-
suches der Umstand spreche, dass durch die neu Einziehenden das leichte
Geld des Grafen von — — (Beust von Hildburghausen) eingebracht
werden könnte, ja dass dieses schon einzeln eingebracht worden wäre,
und dass endlich die Sicherheit der Stadt für sie spräche. Jedoch wegen der Art und Weise, in welcher diese Puncte abgefasst sind, mussten wir sie auslassen. Dass die Verhältnisse nicht ganz unparteiisch
dargestellt sind, sehen wir daraus, dass auch die Paar Italiener,
nach der Petition, sämmtliche Nahrung an sich gebracht haben sollten.

in dem vollsten unterthänigsten Vertrauen, dass unser angebeteter Landes-
vater gnädigst nimmermehr zugeben wird, dass die Juden für 60 Thaler
Schutzgeldes, uns, die wir schwere Kriegsschulden mit bezahlen helfen,
unsere ohnehin wenige Nahrung vollends wegnehmen und das Eigenthum
treuer Bürger zugleich gefährden dürften und bitten fussfälligst, Höchst-
derselbe wolle gnädigst anhero zu rescribiren geruhen, dass gestalten
Sachen nach den Juden der Schutz in hiesiger Stadt in keinerweg verstattet werden sollte.

Diese höchste Gnade wird ein neues Merkmal sein, dass Ew. Kurfürstliche Gnaden die Wohlfahrt ihrer treuen Unterthanen am Herzen liege,
welche wir mit unsern Nachkommen preisen und in tiefster Ehrfurcht er-
sterben werden u. s. w.

Der Kurfürst forderte hierauf von der Erfurter Regierung über diesen
Gegenstand Bericht und wird von dieser das Referat darüber dem Regie-
rungsrathe G — g übertragen. Dieser giebt denn auch sein Votum unterm
9. Juni 1789 ab, das zu Ungunsten der Petenten und für die Aufnahme
der Juden spricht. Unter den Gründen, die er für diese Aufnahme geltend
macht, sind die wichtigsten und interessantesten folgende:

»Von dem Vorfall von 1458 könne kein Recht für die Petenten her-
geleitet werden, da das ganze Factum mit ganz andern Umständen verbunden sei, und wird von Scriptoribus Historiae Erfurtensis und besonders
dem bewährten Johann Moritz Gudenus in Hist. Erf. Lib. II. §. 10. pag. 105
ganz anders und zwar also vorgetragen:

»Dass die Erfurter denen Juden viel Geld schuldig gewesen und um
sich von diesen Schulden frei zu machen, sie solche fälschlich beschuldigt, als hätten sie die Brunnen vergiftet und dadurch veranlasset, dass
6000 derselben auf einmal verbrannt, die andern aber, um der Wuth des
Pöbels zu entrinnen, sich entfernt, dass hierüber seine damals regierende
Kurfürstliche Gnaden, weilen dessen regalia hierdurch lädirt, äusserst auf-
gebracht gewesen, und die Erfurter dessen Zorn dadurch zu lindern ge-
suchet, dass sie dessen Herrn Kur-Nachfolger nicht nur versichert, wie das
aerarium urbis die von denen Judengenossen gehabte Einkünfte übernehm-
men und abliefern und überdies auch 100 Mark Goldes zur Strafe erlegen
wollte.« Hieraus zieht Referent den Schluss, dass die Vertreibung der
Juden im Jahre 1458 gegen des Erzbischofs Willen erfolgt sei und die
Erfurter aus gehässigem Vorurtheil eine »eigenmächtige, gewaltsame und
höchst unerlaubte Handlung« mit dieser Vertreibung vorgenommen, welche
der Erzbischof mit Recht bestrafte. Angenommen aber auch, führt G.
fort, die Sache wäre anders beschaffen, so sei nicht nachgewiessen, dass
der Erzbischof von jener Zeit an entschädigt sei, und da die Stadt in die
Reichsacht gefallen und durch deren darauf erfolgte Reduction sich der
Status publicus und das Verhältniss der Stadt ganz geändert, so sei das
auch mit Rücksicht auf die Aufnahme der Juden der Fall. Eminentissimus sei also als Landesherr wohl berechtigt, Juden in sein Land
aufzunehmen. — Die Gründe betreffend, welche in der Bittschrift geltend gemacht werden, sagt er, dass der Accise um so weniger Verlust
bevorstehe, als man ja die Wachsamkeit verdoppeln und jede Defraudation

strenge rügen könne. — Silber und Juwelen seien hier nicht viel vorhanden und wenn diese den Juden in die Hände fielen, so beweiset das, dass sie einen bessern Preis zahlten, als die Goldschmiede und die andern damit Handelnden. Dasselbe Verhältniss sei auch mit den Trödlern. — Die Herbeischaffung schlechter Münzsorten durch die Juden sei um so weniger zu befürchten, als diese weniger als jeder Andere diese Münzsorten annehmen. Erwüchse nun auf diese Weise Niemand ein Schaden, so sei die Aufnahme von Juden noch insofern von Nutzen, als der Staat darauf sehen muss, dass jeder Bürger und Inwohner seinen Ueberfluss so theuer als möglich an den Mann bringen kann, und dieser Zweck wird am sichersten durch grosse Concurrenz erreicht. Der Gebrauch aber einer an sich nützlichen Sache darf nicht wegen des zu besorgenden Missbrauchs unterlassen, vielmehr muss der Missbrauch bestraft werden. Das gelte auch mit Rücksicht auf die Juden. Sein Gutachten gehe daher dahin, dass den Letzteren die Aufnahme nicht versagt werde.

Hierauf erhielten die Petenten unterm 24. Juli 1789 folgenden Bescheid:

Copia Decreti.

Auf die von der Bürgerschaft bei Eminentissimo übergebene Beschwerde, wegen denen, gegen ein Aversionalquantum zum Einkauf anherkommenden Juden, hätte der Stadtrath denen Supplicanten bekannt zu machen, dass Eminentissimus in solange sich hierunter keine schädlichen Folgen äussern, es bei der von kurfürstlicher Regierung getroffenen Einrichtung belassen wolle.

Kurfürstlich Mainzische Regierung.
gez. Bellmont. Otto.

Aus dem soeben mitgetheilten Bescheide ersehen wir zugleich, wie die Regierung das Votum G — gs zu ihrem eigenen erhoben hat und wollen wir noch bemerken, dass dieses Referat bei einer ähnlichen Veranlassung am 11. März 1791 vom Regierungsrath St — r bei dem von ihm abgefassten Votum benutzt worden ist. Wir können uns nicht versagen, auch dieses interessante Actenstück, das eine kurze Geschichte des streitigen Falles giebt, der Oeffentlichkeit zu übergeben. Es lautet wörtlich wie folgt:

»Dass die Erfurtische Bürgerschaft im Jahre 1458 unter dem Kurfürst Ditericus die Juden aus der Stadt vertrieben und davor 450 Mark Silber und 4000 Gülden Strafe nebst 100 Mark Silber jährlichen Judenzins bezahlet, scheinet mir einen Verstoss in denen Zeiten und andere Verhältnisse zu Grund zu haben.

Historisch zergliedere ich solches folgendergestalt. Als der Kurfürst Henricus III. ein Graf von Virnburg in den geistlichen Bann verfiel, und an dessen Statt Gerlacus, ein Graf von Nassau, zu dem Erzbischofflichen Stuhl erhoben worden, letzter aber sich nicht nach Mainz zu kommen getraute, weilen Henricus von dem Kaiser Ludewico V. geschützt wurde, so liess sich Gerlacus in Erfurth häuslich nieder und die Stadt huldigte auch demselben; um diese Zeit 1346 entstand in Thüringen ein erschreckliches Erdbeben, welches auch Erfurt und die Gegend stark betroffen; die Folge davon war eine von denen giftigen Ausdünstungen entstandene grausame, wüthende Pest, woran in Erfurth und dazu gehörigen Ortschaften über 20,000 Menschen starben. Wegen diesem Sterben fielen die Juden in den Verdacht, dass sie die Brunnen vergiftet, wessenthalben in ganz Thüringen ein allgemeines Morden derer Juden entstand. Dieses verbreitete sich auch in Erfurth; da unter Anführung einiger Stadtjunkers und Rathsherrn über 1000 Juden erschlagen und auf 6000 (?) in ihren Häusern verbrannt wurden, welche schreckliche Massacre weder der anwesende (?) Kurfürst Gerlach, noch der Magistrat zu hemmen im Stand war; und dieses war der Zeitpunkt, worinne wahrscheinlich die Erfurter in die oben bemerkte Strafe von 450 Mark Silbers und 4000 Gulden nicht nur condemnirt, sondern noch überdies zu einem jährlichen an das Kurfürstliche Aerarium zu bezahlenden Judenzins von 100 Mark Silbers verurtheilet wurden; allein Kurfürst Gerlach, welchem die Stadt Erfurth sehr ergeben war, ertheilte dem Stadtrath allerhand Privilegien und Freiheiten, wie denn auch derselbe die Stadt wegen des Judensturms begnadigte und die deshalber verwirkte Strafe erliess, jedoch mussten sich die Erfurter mittelst eines ausgestellten Reverses anno 1349 verbinden, dass sie gegen Kurfürst. Heinrich III. den Gehorsam und Unterthänigkeit entsagten, dahingegen dem Kurfürst Gerlach solche zu leisten versprachen, wie denn auch die Stadt in diesem Revers sich verbunden, den Judenzins, jährlich mit 100 Mark löthigen Silbers den Kurfürst Gerlach und seinen Nachkommen in so lange zu entrichten, bis andere Juden sich wieder dahier niedergelassen, welche diesen Judenzins an den Kurfürsten von Mainz wieder zu entrichten verwilligten. Als hierauf nach dem Tode Kurfürst Gerlachs anno 1371 Johannes I. zum Erzbischoff erwählet worden, und Erfurth eine Unterwürfigkeit derer Landgrafen von Thüringen drohte, suchte die Stadt Hülfe bei dem Kurfürst Johannes. Diese wurde nicht allein versprochen und die Stadt zur Treue und Gehorsam angemahnet, sondern auch derselben wegen ihrer Treue alle ihre Privilegien bestätiget und zugleich an denen jährlich wegen der Juden Massacre nach Mainz abzugebenden Strafgeldern die Halbschied erlassen.

Endlich anno 1458 unter dem Kurfürst Diethericus, einem Freiherrn Schenk von Erbach, wurden die Juden völlig aus Erfurth vertrieben, weilen sich jedoch der Kurfürst wegen der jährlich abzugebenden 100 Mark mit dem Stadtrath verglichen. Aus diesem kurzen historischen Auszug will ich nur so viel darlegen, dass die hiesigen Bürger kein jus contradicendi wegen Aufnahme der Stadt haben, da die Strafe wegen der grossen Judenmassacre in den Jahren 1349 längstens abgethan und das wegen Entfernung derer Juden anno 1458 verglichene Aequivalent gar nicht mehr existirt, sondern sich der Status civitatis post reductam gänzlich abgeändert, folglich der Landesherr, deme sich die Stadt unbedingt übergeben müssen, in Ansehung der Juden Duldung frei disponiren kann.

Es kommt also bloss auf die Frage an, ob es rathsam und dem Publicum schädlich, die Juden hier zu dulden? Nach meinem Ermessen urtheilt der Herr Referent gegen die Judenschaft etwas zu strenge. *) Er

---

*) Dieser Referent ist Regierungsrath D—n, welcher sich gegen die

schliesst de particulari ad universale *) und schildert alle Juden als
Betrüger. Unter allen Klassen von Menschen giebt es gute und böse und
so auch unter den Juden. Doch bedürfen diese der Vorsicht. Diese Vorsicht ist bereits genommen und hierbei kann es auch s. m. in so lange zu
belassen sein, bis man Beweise erhielte, dass ihr Handel dem Publicum
schädlich sei.

Verzeichniss

der in der hiesigen Ministerial-Bibliothek aufbewahrten
hebräischen Codices.

Vol. I. und II. Erster Codex auf Pergament, in fol. maximo, meist
in drei Spalten, daran zwei Blätter fehlen. Er enthält 1. den hebräischen
Bibeltext mit Vokalen; 2. das Thargum, oder die chaldäische Paraphrase,
zwischen durchlaufend; 3. die grössere und kleinere Masora, jene oben
und unten, diese zur Seite; 4. verschiedene Lesarten und kritische Noten.
Schreiber war Baruch ben Rabbi Sorach, der vielleicht im 13. Jahrhundert lebte; die Punkte sind, nebst der Masora, von Simson Memnimon
um das Jahr 1343 beigesetzt. Als Verfasser der kritischen Anmerkungen
nennt sich Brutmark, welcher nicht lange nach jenem gelebt haben kann,
da, wie wir schon oben erwähnt, mit den andern auch dieser Codex in die
Hände der Christen gekommen.

Er ist kritisch verglichen: 1. von J. D. Michaelis in Orient. Bibl. P. I.
p. 207 f. und heisst Manuscriptum Erfurtense primum; 2. von P. J. Bruns,
im Auftrag des berühmten Benj. Kennicott 1770—1772 und wird von diesem und de Rossi, als einer der besten, mit der Zahl 160 bezeichnet; 3.
von Christ. Wilh. Diederichs Professor zu Königsberg in Specim. variant.
lectionum codd. hebr. Mss. Erfurtens. in Psalmis Gottingae 1775. 4.

Vol. III. Zweiter Codex, auf Pergament in fol. maj. sehr sauber und
einfach mit mittlerer Quadrat-Schrift, enthaltend, wie der vorige, den ganzen Bibeltext, die chaldäische Paraphrase, jedoch nur über den Pentateuch,
beide Masoren und kritische Anmerkungen. Bei Num. 5, 18 ist der
Name Salomon ben Schinior Ephraim angebracht; es bleibt aber ungewiss,
ob damit der Schreiber, oder der Punctator sich ein Andenken erhalten

---

Aufnahme der Juden auslässt. Wenn wir jedoch sein Referat nicht
geben, so fürchten wir um so weniger den Vorwurf der Einseitigkeit
auf uns zu laden, als das gedachte Referat fast wörtlich alles das sagt,
was in der vorstehenden Petition vom 18. März 1789 gesagt ist.

*) Geschieht zum Theil heute noch!

wollte. Nach Bellermann, dem wir beistimmen, gehört dieser Codex in das Jahr 1272; bei Michaelis l. c. heisst er Codd. Erfurt. II.; bei Kennicott und de Rossi ist er Nr. 601.

Vol. IV. Dritter Codex, auf Pergament, etwas kleiner als der vorige, mit erblichener abgestumpfter Quadrat-Schrift auf 457 Blättern, fast ohne alle Verzierungen und darum gewiss unter die ältesten zu zählen. Bei Michaelis, Codd. Erfurt. III.; bei dem englischen Kritiker, der ihn in das 12. Jahrhundert setzt, No. 602.

Vol. V. Vierter Codex, auf Pergament, in fol. maj. auf 282 Blättern, mit mittlerer und eleganter Quadrat-Schrift, schwarz und schön, aber vom Anfang verstümmelt. Er enthält den hebräischen Bibeltext, nach der Eintheilung in Pentateuch, Megilloth, Haphtharoth und Hiob; die chaldäische Paraphrase des Pentateuch, und spärliche masoretische Anmerkungen. Wegen des gänzlichen Mangels an Verzierungen und der eleganten Formen, gehört er wohl unter die Familie der spanischen Manuscripte und ist wohl älter, als das 12. Jahrhundert. Nach Michaelis Codd. Erfurt. IV.; nach Kennicott No. 603. (Der als Cod. V. von Michaelis angeführte, ist im Jahre 1727 von Abgeordneten des Raths und des Ministeriums dem Kurfürsten Franz Lothar zu Mainz zum Geschenk gemacht, und von diesem in der Bibliothek des Grafen von Schönborn zu Gaybach in Franken aufgestellt worden).

Vol. VI. Eine Torahrolle (Gesetzrolle), besteht aus 86 Pergamenthäuten und hat grosse, schöne Schrift.

Vol. VII. Eine desgl. auf 50 Häuten, von verschiedenen Händen oft nachgebessert und nicht so genau, wie die vorige.

Vol. VIII. Eine desgl. aus 49 Häuten, aber in Levit. sehr beschädigt. Am Rande sind deutlich die Spuren der züngelnden Flammen, die sich bereits ihrer bemächtigt haben mussten und deren Gewalt sie entrissen worden. Auch trägt sie deutlich Spuren des Strassenschmutzes an sich, in welchem sie gewälzt worden sein musste.

Vol. IX. Eine dergl., von Bereschith bis Levit. II. 26, ebenfalls verstümmelt, sonst schön und sauber auf 40 Häuten. Diese 4 Torahrollen zeigen deutlich ihr Alter, das jedenfalls vor den Judensturm 1349 zu setzen ist.

Vol. X. Neunter Codex, ein fragmentarisches Manuscript, ein Blatt in Fol. und darauf Ps. 9, 5—18, 6 enthaltend, ohne Punkte und Masorah, deutlich geschrieben. Bei de Rossi No. 95.

Vol. XI. Zehnter Codex, eine Mischung der kleinern und grössern Masora, erstere jedoch vorherrschend, in fol. min. mit kleiner Schrift, auf dichtes Papier geschrieben. Das 39. Blatt fehlt. Die verschiedenen Handschriften lassen etwa 3 verschiedene Schreiber annehmen. Beim Schluss ist eine Art Dankgebet und nennt sich ein gewisser Joseph, Sohn Salomo, der das Manuscript einem Gereschom sendet, den er den »Geliebten seiner Seele« und »sein Haupt« nennt. Einen Gruss sendet er an seinen Schwager Nathan und dessen Frau. Sollte unter diesem Gerschom, Gerschom der Aeltere verstanden sein, welcher nach Jost vor 1040 starb, so würde das von dem hohen Alter des Manuscriptes zeugen und dürfte dieses als das älteste in der Sammlung zu betrachten sein. Auch dürfte der Umstand für sein hohes Alter zeugen, dass die bekanntesten Masoretiker, wie Kimchi u. s. w. darin nicht benutzt worden sind, was doch gewiss der Fall gewesen wäre, wenn der Codex nach ihnen abgefasst worden wäre.

Vol. XII. Der Jerusalemitische Talmud, auf 222 Folio-Blättern, mit hebräischer Quadrat-Schrift. Ist bis Theil V. (Kadaschim) Buch (Perek) 1. fortgesetzt. Das Manuscript ist in dicke Eichenbretter gebunden, mit Leder überzogen und mit eisernen Knöpfen versehen.

Vol. XIII. und XIV. 2 Raschi-Codices. Und

Vol. XV. Eine Sammlung von Gutachten von Raschi und Rabbenu Tam; Excerpten aus Scheilthoth von Rabbi Achai; den historischen Brief von Scherira, den Commentar zu Seder Sacharoth von Ilai; Teschubath Gaonim u. s. w.

Das Machsor Kol Bo. haben wir in Note I. beschrieben und bemerken nur noch, dass wir es im gedruckten Ministerial-Cataloge vermissen, sowie dass Rosch Haschanah und Jom Kippur einen besondern, und zwar den zweiten Theil darin bilden.

Abschrift
der aufgefundenen Leichensteine.

ציון	האבן הזאת
הלז חוקם לראש	חרמה סצבה
ר' יואל בר יצחק	לראש הבחולה
ובנו הנער אפרים	שדה ב'ר יוסף
שנאספו בשנת	שנאספה בשנה
שלשים ואחת	שלשים לאל"
לאל' ששית	ששי מנוחתח
בירח ניסן	ערן "
מנחותם כבוד	

| Joel Sohn Jizchak und sein Sohn | Sarah, Tochter des Joseph. |
| Ephraim. 1271. | 1270. |

זאת המצבה
לעדה נחצבת
סנאסף ..ר מניס
כ"ד תושעיה
חלוי עם בנו
אליה בשנת
שלשים וארבע
ראלף ששית

Manis, Sohn Hoschejahu.
1274.

ציון הלז חוקם
לראש מ" יינטל בת ר'
מינמן שגאספה
בשֹנת שלשים
ואחת לפרט בירח
טבת נוחה ערן

Jentil, Tochter des Minman.
Vielleicht:
Minjumim Chullin fol. 49, 6. 1271.

כשלשה עשר יום
לירח אלול נקבר
ר' יחיאל ב"ר יחיאל
שֹנת שֹמֹני'
וֹשֹמֹנה לפרט
תנצבה

Jechiel, Sohn Jechiel.
1828.

ציון הלז חוקם
לראש ברוך
הבחור ב"ר שמואל
שנאסף בשנת
שלשים והמש
ראלף הששי

Baruch Sohn Samuel.
1285.

שמונה ימים
לירח שבט נקבר
ר' יוסף ב"ד
שמואל הכהן
שנת תשעים
ושֹשונה לפרט
תנצבה

Joseph S. Schemuel.
1968.

באהר ועשֹרי'
יום לירח אייר
נקבר ר' יהודא
ב"ר יוסף שֹנת
שֹמֹני' וֹשֹמֹנה
לפרט תנצבח

Jehuda Sohn Joseph.
1328.

פח גטמן
fehlt
גאמן ר' דוד
fehlt משה
fehlt
יו טבת fehlt
fehlt.

מצבת אשר שבע קשט כבד ואהב זה מקומ מנוחת עולמ	מצבת שלמה לפרס כבד ואהב מאיר עטר נוחמ ד לב נשמתו ליום ר ל	אשר שלמה מצבת ואהב כבד זה שמ זה ר כבד שבע זה ל נוחמ כלכלני
Alisch Sohn Jizchak. 1882.	Salomon Sohn Jizchak. 1882.	Mose Sohn Jizchak. 1882.

(Ein Stein.)

Nachschrift.

Kurz vor Beendigung des Druckes erhielten wir von befreundeter Seite die Mittheilung, dass der im Jahre 1458 erbaute Wallthurm Nr. 24 abgetragen werde und dass hierbei hebräische Leichensteine gefunden worden seien. Bei persönlicher Besichtigung fanden wir sechs Bruchstücke von Leichensteinen, einen ziemlich und einen vollständig erhaltenen. Auf den Bruchstücken war verdeutscht zu lesen:

1) Am 2. Tebeth wurde begraben: Mose, Sohn Eliakim, der Levite;
2) Tochter des Kalonymos, (starb) im Jahre Kabul (1372);
3) Rabbi Serach (Tochter des) starb im Jahre 27 des 6. Jahrtausends 1267), sie ruhe in Eden;
4) Dieser Stein ist gesetzt zum Denkmal (alles Andere fehlt);
5) Joseph, Sohn Abraham;
6) sind nur einzelne Worte zu lesen, die keinen Sinn ergeben;
7) fast vollständig; er lautet:

זה המצב בעט
ברזל נחצב למען
לא נשה שנמטר
ר' משה ב"ר דוד
בנו של הר' אלעז'
עברה כג לפק (fehlt)

Mose, Sohn David, Sohn des Gelehrten Eleasar (1263).
Die vollständig erhaltene Inschrift lautet:

חמשה ועשרים
יום לירה אלול
שבעים ושש לפק
נקברה מרת מינ'
בת ר' יחיאל
תנצבה

Minna, Tochter des Jechiel (1316).

Wir sehen also, dass der jüdische Gottesacker im Jahre 1458, gleich nach der Vertreibung der Juden aus Erfurt, zerstört worden sein muss, dass wenigstens die darauf befindlichen Leichensteine zu baulichen Zwecken verwandt worden sind.

Druck von J. G. Cramer in Erfurt.